ہندوستان: ثقافتی گوشے - ا

(علمی و ادبی مضامین)

مرتب:

مکرم نیاز

Hindustan - Saqafati Goshey - Part-1 (Essays)
by: Mukarram Niyaz
Edition: April '2026
Publisher :
Taemeer Publications LLC (Michigan, USA / Hyderabad, India)

ISBN 978-93-6908-917-8

کتاب	:	**ہندوستان : ثقافتی گوشے - ۱**
مرتب	:	**مکرم نیاز**
بہ تعاون	:	ncpulblog ویب سائٹ سے ماخوذ
صنف	:	تحقیق و تنقید
ناشر	:	تعمیر پبلی کیشنز (حیدرآباد، انڈیا)
سالِ اشاعت	:	۲۰۲۶ء
صفحات	:	۹۲
سرورق ڈیزائن	:	تعمیر ویب ڈیزائن

فہرست

پیش لفظ

زبانیں صرف بولنے اور لکھنے کے لیے نہیں ہوتیں، وہ قوموں کی یادداشت، تہذیب کی علامت، تاریخ کی ترجمان اور اجتماعی شعور کی امین بھی ہوتی ہیں۔ اردو زبان کا مطالعہ بھی اسی لیے محض لسانی مشق نہیں بلکہ ایک تہذیبی اور فکری ضرورت ہے۔ اردو برصغیر کی اس مشترکہ میراث کی نمائندہ ہے جس میں مختلف نسلیں، خطے، مذاہب، رسم و رواج اور تاریخی تجربات ایک دوسرے سے مل کر ایک بڑے تمدنی منظرنامے میں ڈھلتے ہیں۔ اس زبان کی شیرینی، اس کے صوتی آہنگ، اس کی معنوی وسعت اور اس کے لسانی رشتے اس بات کے گواہ ہیں کہ اردو نے ہمیشہ محض ایک زبان کی حیثیت سے نہیں، بلکہ ایک ثقافتی پل کے طور پر کام کیا ہے۔ اس کی تاریخ میں دکن کے صوفیاء کی روحانی روشنی بھی ہے، آزادی کی تحریک کی گونج بھی، تعلیمی مسائل کی تلخی بھی اور آئینی حقوق کی بحث بھی۔ اس زبان کے ذریعے صرف شعر و ادب تخلیق نہیں ہوا بلکہ معاشرتی شعور، قومی یکجہتی، تہذیبی ہم آہنگی اور فکری بیداری کو بھی تقویت ملی۔ آج جب زبانوں کے مستقبل، تعلیمی نظام، شناختی سیاست اور ثقافتی تحفظ جیسے سوالات زیادہ اہم ہو گئے ہیں، اردو کے علمی مطالعے کی اہمیت اور بڑھ جاتی ہے۔ "ہندوستان: ثقافتی گوشے – حصہ ا" اسی

شعور کی ایک اہم کڑی ہے۔ یہ کتاب ہمیں یاد دلاتی ہے کہ ہندوستان کو سمجھنے کے لیے اس کی زبانوں، تہذیبوں، طبقات، تعلیمی روایتوں اور فکری ادوار کو سمجھنا لازم ہے، اور اردو اس سمجھ بوجھ میں ایک مرکزی کردار ادا کرتی ہے۔

پہلا مضمون "بھیل عورتیں: ہندوستان کی قبائلی عورتیں" شیام سنگھ ششی کے قلم سے ہندوستان کی قبائلی خواتین کی زندگی، ان کے مسائل، ان کی محنت، ان کی ثقافت اور ان کے سماجی کردار کو نمایاں کرتا ہے۔ یہ تحریر بتاتی ہے کہ ہندوستانی معاشرت کی اصل گہرائی ان طبقات میں بھی ہے جنہیں عموماً مرکزی بیانیے میں کم جگہ ملتی ہے۔ دوسرا مضمون "ہمارا تمدن: ہندوستان سرزمین اور عوام" نارائنی گپتا کی نگاہ سے ہندوستانی سرزمین اور اس کے عوام کے باہمی رشتے کو واضح کرتا ہے؛ یہاں زمین صرف جغرافیہ نہیں، تہذیب، روزگار، مذہب، میل جول اور اجتماعی یادداشت کا استعارہ بن جاتی ہے۔ تیسرا مضمون "قدیم ہندوستان کی دریافت: ہندوستان کا شاندار ماضی" اے ایل باشم کے ذریعے ہندوستان کے قدیم عہد، اس کے تاریخی ورثے اور اس کی تہذیبی عظمت کو علمی انداز میں سامنے لاتا ہے، اور قاری کو اس سوال تک لے جاتا ہے کہ ماضی کی دریافت حال کی شناخت کیسے بنتی ہے۔

چوتھا مضمون "خواجہ حسن نظامی کے انشائیوں میں ہندوستانی تہذیب و ثقافت" محمد اکبر کے ہاں ایک ایسے ادیب کی تحریروں کا جائزہ ہے جس نے ہندوستانی معاشرت، روزمرہ زندگی اور تہذیبی رنگوں کو نہایت ظریفانہ مگر معنی خیز انداز میں پیش کیا۔ خواجہ حسن نظامی کے انشائیے ہمیں یہ سکھاتے ہیں کہ ادب صرف حسنِ بیان نہیں، تہذیب کا آئینہ بھی ہے۔ پانچواں مضمون "انیسویں صدی میں ہندوستان کا تعلیمی نظام" عمر رضا کے قلم سے اس عہد کے تعلیمی ڈھانچے، استعماری اثرات، ادارہ جاتی تبدیلیوں اور علم کے

پھیلاؤ کے سوالات پر روشنی ڈالتا ہے، اور یہ دکھاتا ہے کہ تعلیم کسی قوم کی فکری تشکیل میں کس قدر بنیادی حیثیت رکھتی ہے۔ چھٹا مضمون "نسل نو کی نفسیات: ہندوستانی معاشرتی تناظر میں" محمد علم اللہ نوجوان نسل کے ذہنی، اخلاقی اور سماجی مسائل کو ہندوستانی معاشرت کے پس منظر میں دیکھتے ہیں، اور اس بات کی طرف توجہ دلاتے ہیں کہ جدید عہد کی تیز رفتار تبدیلیاں نئی نسل کے رویوں کو کس طرح متاثر کر رہی ہیں۔

ساتواں مضمون "اردو مثنوی میں مشترکہ ہندوستانی تہذیب" محمد ارشد کے ذریعے اردو مثنوی کی اس روایت کو سامنے لاتا ہے جہاں مختلف تہذیبی عناصر ایک ساتھ نظر آتے ہیں۔ مثنوی صرف ایک شعری صنف نہیں رہتی بلکہ مشترکہ تہذیب، باہمی وابستگی، مذہبی رواداری، سماجی ہم آہنگی اور ہندوستانی مزاج کا نمائندہ بن جاتی ہے۔

یوں یہ کتاب اپنے قاری کے سامنے ہندوستان کو ایک جاندار، کثیر الثقافتی، تاریخی اور تہذیبی وحدت کے طور پر پیش کرتی ہے، جہاں زبان، ادب، تعلیم، قبائلی زندگی، قدیم ورثہ اور نئی نسل کی نفسیات آپس میں مل کر ایک وسیع اور معنی خیز تصویر بناتے ہیں۔ یہ مجموعہ نہ صرف معلومات دیتا ہے بلکہ یہ احساس بھی پیدا کرتا ہے کہ ہندوستانی تہذیب کو سمجھنے کے لیے اردو ایک اہم، معتبر اور ناگزیر وسیلہ ہے۔

۱

بھیل عورتیں: ہندوستان کی قبائلی عورتیں

شیام سنگھ ششی

مترجم: محبوب الرحمن فاروقی

بھیل راجستھان، گجرات، مدھیہ پردیش اور مہاراشٹر تک پھیلے ہوئے ہیں۔ ہندوستان کے مغربی حصے میں بھیل دوسرا سب سے بڑا درج فہرست قبیلہ ہے۔ ان میں زیادہ تر مغربی راجستھان کے اودے پور، بانسواڑہ، درگاپور، بھیلواڑہ اور چتوڑ گڑھ کے ضلعوں میں رہتے ہیں۔ راجستھان کے ہر پانچ درج فہرست ذات کے ارکان میں سے دو بھیل ہیں۔

ہندوستانی قبائلیوں میں بھیل اعلیٰ نشانے باز مانے جاتے ہیں۔ مہابھارت کے زمانے میں درونا چاریہ کا شاگرد ایکلپیہ بھیل تھا وہ اپنے وقت کا مثالی نشانے باز تھا۔ رام کو بیر نذر کرنے والی شبری بھی بھیل مانی جاتی ہے۔

'بھیل' دروڑ لفظ سے نکلا ہے جس کا مطلب 'دھنش' ہے اور یہ اس قبیلے کا خاص ہتھیار ہے۔ قدیم سنسکرت ادب میں اس لفظ کا استعمال دوسرے جنگلی قبیلوں جیسے نشاد، شبر کے لیے بھی کیا گیا ہے۔ نشاد کا مطلب ہے۔ برہمن باپ سے شودر ماں کی

اولاد، حقیقت میں بھیل نام ان قبائیلوں کو دیا گیا جو تیر کمان کا استعمال کرتے ہیں۔

بھیل اپنی ابتدا ایک راجپوت قبیلے سے مانتے ہیں جن کی شاخیں درج ذیل ہیں:

ہیرات تیجات

نوات کھیتات

رتنات امرات

بھیتات جگات

رنگات نکیات

ناڈ نے بھیلوں کا تذکرہ کالے اور بھدے، سب سے لمبے، پورا جسم ڈھک لینے والی لمبی داڑھیوں اور بالوں والے لوگوں کی شکل کا کیا ہے، بھیلوں کے لیے بھلا اور بھیڑا ناموں کا استعمال بھی کیا جاتا ہے۔

بھیل گاؤں کو پال کہا جاتا ہے، جس میں مختلف 'پھل' ہوتے ہیں۔ پھل میں ایک ہی باپ کے خاندان کے مختلف افراد رہتے ہیں۔ لیکن پال، لفظ کا استعمال تبھی کیا جاتا ہے۔ جب وہاں ۲۰۰۰ سے زیادہ آبادی ہو ورنہ وہ گاؤں ہی کہلاتا ہے۔

ڈاکٹر ایل ایل دوشی کا قول ہے کہ خاندان کی عورتوں پر مردوں کی فوقیت ایک مسلمہ خاندانی روایت ہے۔ خاندان کی عورتوں سے ان کی حیثیت کے مطابق سلوک کی امید کی جاتی ہے۔ مرد اکثر و بیشتر فحش گالیوں کے استعمال سے اپنی فوقیت جتاتے ہیں، لیکن عورتوں کی طرف اس طرح کی زبان کے استعمال کی امید نہیں کی جاتی۔ اس کے برعکس ان سے امید کی جاتی ہے کہ وہ خاموش رہیں۔ یہ ان کے کمزور ہونے کی علامت ہے۔ اگر بیوی شوہر کا حکم نہیں مانتی تو اس کو مارا جاتا ہے جس کے

شور و شغب سے پورا گاؤں یہ جان لیتا ہے کہ وہاں کیا ہو رہا ہے۔

لیکن گھنٹالی کے بھیلوں کا سلوک اس سے مختلف ہوتا ہے۔ وہاں عورتیں مردوں کے لیے اتنے لحاظ کا جذبہ نہیں رکھتیں اور نہ ہی مردانہ فوقیت کا خیال کرتی ہیں۔ اگر شوہر بیوی سے گالی گلوج یا فحش کلامی کرتا ہے تو بیوی بھی شوہر کے لیے ویسے ہی الفاظ کا استعمال کرتی ہے۔ بیویوں کے ذریعے شوہروں کو مارنے پیٹنے کے واقعات بھی بعید نہیں ہیں۔ یہاں عورتیں جنسی اخلاقیات کی بندشوں کا بھی اتنا لحاظ نہیں کرتیں۔ جتنا کہ میدانی علاقوں کی عورتیں کرتی ہیں۔ اگر شوہر جنسی طور پر مطمئن نہیں کر سکتا تو بیوی اسے گالیاں دیتی ہوئی علی الاعلان نامرد کہہ کر اسے ہمیشہ کے چلے چھوڑ سکتی ہے۔ دوسری طرف جیسا کہ اشارہ کیا جا چکا ہے کاؤریا اور منبلا میں عورتوں کا خاندان کے مردوں کی مرضی کو مقدم ماننا بہتر سمجھا جاتا ہے۔

بھیل پدری خاندان ماننے والی، ایک ہی نسل اور ایک شادی کرنے والی برادری ہے۔ شادی کے بعد دلہن اپنے شوہر کے گھر آ جاتی ہے صرف 'گھر داماد' اس سے مستثنیٰ ہے۔ جو شادی کے بعد اپنی بیوی کے ماں باپ کے گھر رہتا ہے۔ ایسی حالت میں خسر کی جائداد کا وہ وارث ہوتا ہے۔ بھیلوں میں شادی ایک سماجی بندھن مانا جاتا ہے۔

بھیل عورتیں گھر پر بھی کام کرتی ہیں اور شوہر کے ساتھ کھیت میں بھی، وہ جنگلوں سے ایندھن جمع کرتی ہیں اور جانوروں کو چراتی ہیں۔ وہ مردوں سے زیادہ محنتی ہوتی ہیں۔ جناب این این ویاس کا قول ہے کہ بھیل عورت کسی بھی قبیلے یا برادری کی عورت کی طرح زندگی کے تین اہم مراحل سے گزرتی ہے۔ کنوارا پن۔

ازدواج اور ماں کی حیثیت۔ شادی سے قبل وہ اپنے باپ کے گھر رہتی ہے، جہاں بھیل تہذیب کے مطابق اسے سماجی اخلاق واطوار کی تعلیم دی جاتی ہے۔ بچپن سے ہی لڑکی گھریلو کاموں میں اپنی ماں کی مدد کرتی ہے۔ سات آٹھ برس کی عمر میں وہ ماں کی غیر موجودگی میں چھوٹے بھائی بہنوں کی دیکھ بھال کرتی ہے۔ بارہ تیرہ سال کی ہوتے ہوتے وہ اپنے گھر کا ہر کام کرنے کے لائق ہو جاتی ہے۔

ڈاکٹر دوشی کے مطابق بہو کے خاندان میں ضم ہو جانے (گھل مل جانے) کے سلسلے میں کچھ دقتیں پیدا ہوتی ہیں کیونکہ خاندان سے باہر شادی کے رواج نیز گاؤں کے دو تین خاندانوں میں منقسم ہونے کی وجہ سے بہو ہمیشہ دوسرے گاؤں کی ہوتی ہے جس کی وجہ سے شوہر کے خاندان میں اسے ایک الگ سماجی انداز و عمل ملتا ہے مگر اعلیٰ ذات کے ہندو، جو مشترکہ خاندانوں کے رکن ہوتے ہیں، کے مقابلے میں ان کے سامنے کم دقتیں پیش آتی ہیں کیونکہ اپنے سسر کے گھر میں صرف چند سال ہی رہتی ہیں اور جیسے ہی ان کا خاوند اپنے کھیتوں کے تعلق سے آزاد ہو جاتا ہے۔ وہ شوہر کے بنائے ہوئے نئے گھر میں چلی جاتی ہیں۔ سسر کے گھر میں بسر کیے گئے وقت کو وہ نئے تعلقات استوار کرنے میں صرف کرتی ہیں۔

کنواری لڑکی کو پاک مانا جاتا ہے کیونکہ وہ پیدائش ی علامت ہوتی ہیں اور اسی علامت کی وجہ سے اسے مختلف طاقتوں کا سرچشمہ مانا جاتا ہے۔ کٹائی کے وقت اسے اناج کا پہلا دانہ دیا جاتا ہے کیونکہ یہ عقیدہ ہے کہ اس سے فصل اچھی ہوتی ہے۔ شادی کے موقعے پر وہ دولہا کو خوش آمدید کہتی ہے۔ اس موقعے پر وہ سر پر مٹی کا گھڑا رکھتی ہے۔ وہی شادی کی رسم کے موقعے پر نوشادی شدہ جوڑے کے کپڑوں

میں گرہ بھی لگاتی ہیں اور اسے کھولتی بھی ہیں۔ اگر کوئی مرد کسی کام سے باہر جا رہا ہو اور غیر شادی شدہ لڑکی اس کا راستہ کاٹ دے تو یہ اچھا شگن سمجھا جاتا ہے۔

بیوی کا مقام اس پر منحصر ہے کہ شادی کس طرح ہوئی ہے۔ ان گاؤں میں جہاں بہت سی بیویوں کا رواج ہے۔ بیوی کو اعلیٰ مقام حاصل نہیں ہوتا۔ جس خاندان میں دو یا تین بیویاں ہوتی ہیں ان خاندانوں میں شوہر کی طرف سے دی گئی اہمیت پر اس کا انحصار ہے۔ پھر بھی بڑی بیوی کی حیثیت بہتر ہوتی ہے اور جشن و تیوہار کے معاملوں میں اور سماجی تعلقات کے سلسلے میں اس کی رائے کو اہمیت دی جاتی ہے ورنہ شوہر اور سوتن میں جھگڑوں کے امکانات ہیں۔ سوکنوں کے آپسی تعلقات زیادہ تر جذباتی ہوتے ہیں کیونکہ جس بیوی کو شوہر کی محبت زیادہ ملتی ہے وہ خاندانی معاملوں میں اپنا حق زیادہ جتاتی ہے۔

بھیلوں کی عورتیں بیوہ نہیں رہتیں کیونکہ سوگ کی مدت ختم ہوتے ہی وہ دوسری شادی کرلیتی ہیں۔ صرف بوڑھی عورتیں ہی جو دوبارہ شادی نہیں کرتیں بیوہ رہتی ہیں۔ اس صورت میں بھی اسے خاندان کے دوسرے ارکان عزت کی نگاہ سے دیکھتے ہیں۔

بھیلوں کی عورتوں کا روایتی لباس ٹخنوں تک لمبا گھاگھرا، چوٹی اور زیور ہوتا ہے۔ آج کل بھیل عورتیں ساڑی بھی پہنتی ہی۔ ایک شادی اور بہت سی شادی دونوں کا رواج ملتا ہے۔ مگر نمائش یا صرف دکھاوے کے لیے شادی کا رواج نہیں ہے۔

بھیل عورتیں ہندو دیوی دیوتاؤں کی پوجا کرتی ہیں۔ جیسے گنیش، ہنومان، کالی،

چنڈی، وہ دیوالی، ہولی، دسہرا وغیرہ تیوہاروں کو مانتی ہیں۔

راجستھان کی بھیل عورتیں کھیتوں میں مزدوروں کی حیثیت میں بھی کام کرتی ہیں۔ در حقیقت وہ سخت محنت اور لگن کی ایک علامت ہیں۔

***

۲

ہمارا تمدن: ہندوستان سرزمین اور عوام

نارائنی گپتا
مترجم: ایس کے سنگھ

"میں یہ گوارا نہیں کر سکتا کہ میرے مکان کے چاروں طرف دیواریں کھینچ دی جائیں اور کھڑکیاں بند کر دی جائیں۔ میں چاہتا ہوں کہ تمام دنیا کا تمدن ہوا کی طرح لہراتا ہوا زیادہ سے زیادہ میرے مکان میں داخل ہو۔" (مہاتما گاندھی)

ہم یہ دیکھ چکے ہیں کہ ہندوستان کا سماج ان تمام اثرات کو لیے ہوئے ہے جو وقتاً فوقتاً ہندوستان میں داخل ہوتے رہے ہیں۔ ان اثرات کی گہرائی اس کے ادب، موسیقی اور دیگر فنونِ لطیفہ میں پائی جاتی ہے، جو یہاں کے باشندوں کی تخلیقی قوت کی مظہر اور علمبردار ہے۔ یہ تمام فنون حال تک بطور خود ہندوستانی سماج کے مذہب کے زیر اثر رہے ہیں اور اس کا دوسرا پہلو جو ان تمام میں پایا جاتا ہے یہ ہے کہ ان کا اتار چڑھاؤ شاہانِ وقت یا شاہی دربار کی سرپرستی کا مرہون منت رہا ہے۔ بالخصوص فن تعمیر اور فن سنگتراشی کیونکہ یہ لامحدود اخراجات کے حامل ہوتے ہیں۔

مصوری، موسیقی اور ادب اپنی قدرتی شکل میں بذات خود ترقی کرسکتے ہیں اور یہ عوام کی امداد اور جوش کی وساطت سے نشو ونما پالیتے ہیں۔ یہ دو صورتیں یعنی ان کا مذہب کے ساتھ گہرا تعلق اور حکومت کی سرپرستی پر انحصار دوسرے ملکوں کے فنون میں بھی پائے جاتے ہیں۔ ہندوستان اور یورپین ملکوں میں ایک زبردست فرق بھی رہا ہے کہ ہندوستان میں ذات پات کے باعث تعلیم ایسی عام اور وسیع نہیں ہوئی ہے جیسی موجودہ یورپ میں۔ اب بھی سیکڑوں ہندوستانی تعلیم سے بے بہرہ ہیں۔ اس کا نتیجہ یہ ہوا کہ ہمارے تمدنی ورثہ سے عام لوگوں کو اتنا فائدہ نہیں ہوا جیسا کہ اب ہو رہا ہے۔

ہندوستان کا ادب متعدد نظریوں کے امتزاج کا ایک دلکش نمونہ ہے۔ جس طرح آج ہم کسی ایک شخص کے بارے میں یہ نہیں کہہ سکتے کہ اس کی رگوں میں خالص آریہ یا خالص دراوڑ خون ہے اسی طرح ہم کسی ہندوستانی زبان کے متعلق بھی نہیں کہہ سکتے کہ یہ قطعی طور پر خالص زبان ہے کیونکہ یہ تمام کئی ایک تاثرات کی تخلیق ہیں۔ ہندوستانی ادب میں تین ملکی اور ایک غیر ملکی زبان کی آمیزش صاف دکھائی دیتی ہے اور یہ ہیں دراوڑ، سنسکرت، فارسی اور انگریزی زبانیں۔

زمانہ قدیم کا ادب جو کچھ بھی ہم تک پہنچا ہے وہ سب سنسکرت میں ہے۔ وید دنیا بھر میں تسلیم شدہ سب سے پرانی کتاب ہے۔ لفظ وید جو سنسکرت کے فعل 'وِد' سے نکلا ہے کا ارتھ 'جاننا' ہے۔ یہ ایک مناسب نام ہے کیونکہ شروع کے آریہ لوگوں کی زبان میں ہندوستان کا راز بیان کرتے ہیں اور جب فن تحریر کمال کو پہنچا تو سنسکرت ادب بھی نشو ونما پانے لگا۔ یہاں تک کہ دنیا کو کلاسیکی زبانوں میں سنسکرت

کا رتبہ نہایت بلند ہو گیا۔ اس زبان میں کتنے ہی مختلف مضامین پر کتابیں تصنیف ہوئی ہیں۔ نہایت دقیق فلسفہ، رزمیہ نظموں، راج نیتی یعنی ریاستی نظام سے لے کر گرامر، ڈرامہ اور خوش الحان شاعری ان تمام مضامین پر نہایت کارآمد کتابیں ملتی ہیں۔ مسلمانوں کے آجانے سے یا فارسی کے سرکاری زبان ہو جانے کی وجہ سے سنسکر کا رتبہ کسی طرح کم نہیں ہوا۔ بلکہ اکثر مسلمان حکمرانوں نے سنسکرت کے مطالعے میں دلچسپی لی اور سرپرستی کی۔ اس کا زوال دیگر ہندوستانی زبانوں کی وجہ سے ہوا جو کہ اس سے زیادہ آسان تھیں۔ شمال میں سنسکرت کا دور دورہ تھا تو جنوب میں درواڑ زبانیں نشو ونما پا رہی تھیں۔ جنوب کا سب سے پرانا علم وادب تامل سنگم ہے جو صدیوں پرانا یعنی مسیح کی پہلی دوسری صدی کا ہے۔ یہ خالص تامل زبان میں ہے۔ جنوب کی دیگر زبانیں کنڑی، تلگو اور ملیالم ہیں اور ان میں سنسکرت کے الفاظ بھی بکثرت پائے جاتے ہیں۔ یہ زبانیں خاص طور پر نویں صدی کے بعد زیادہ رائج ہوئیں۔ آندھرا پردیش میں تیلگو، میسور کے جینیوں کی زبان کنڑی اور کیرل میں‌ان دونوں سے بھی پہلے کی زبان ملیالم۔ یادو بادشاہوں کے زمانے میں مراٹھی نے جو سنسکرت اور پراکت دونوں کی ملی جلی زبان ہے، کافی ترقی کی، اور مشرق میں سین بادشاہوں کی سرپرستی میں بنگالی زبان پھلی پھولی۔ اسی طرح گجرات میں جین منیوں کی زبان گجراتی اور پندرہویں صدی میں شنکر دیو کی وجہ سے آسامی اور اسی وقت بہار میں میتھلی اور راجستھان میں راجستھانی زبان نے ترقی کی۔

ہندوستان میں مسلمان حکمرانوں کے ہمراہ فارسی زبان کو دخل ہوا۔ یہ نہ صرف سرکاری زبان رہی بلکہ ہند میں اس نے اپنی خصوصیت کی وجہ سے ایک بلند

پایہ علم و ادب پیدا کیا۔ امیر خسرو ہند کا ایک بلند مرتبہ فارسی داں ہوا ہے۔ فارسی زبان کی وجہ سے شمالی ہند کی زبانوں کی لغت میں کافی اضافہ ہوا ہے۔ دو اور ہندوستانی زبانیں تیرہویں صدی میں پیدا ہوئیں۔ ایک ہندی اور دوسری اسی سے اخذ کی ہوئی اردو جس میں عربی اور فارسی کے کافی الفاظ کی ملاوٹ ہے۔ یہ تمام زبانیں نہ صرف عام بول چال میں مستعمل ہوتی تھیں بلکہ ان میں لوک گیت اور بھجن بھی گائے جاتے تھے۔

گذشتہ صدی میں ہندوستان میں ایک اور زبان سرکاری زبان کی صورت میں نمودار ہوئی۔ یہ تھی انگریزی۔ جو تمام زبانوں سے مختلف تھی۔ لیکن چونکہ انگریزی عملداری مقابلتاً کم عرصہ ہندوستان میں قائم رہی، اس لیے یہ زبان اتنی نہیں پھیلی جتنی کہ فارسی۔ اس سے یہ مراد نہیں کہ انگریزی زبان نے ہندوستانی علم و ادب میں کوئی اضافہ نہیں کیا بلکہ انگریزی زبان نے اور اس کے ساتھ ہی یورپ کی دیگر زبانوں نے بھی جن کا انگریزی زبان میں کافی ترجمہ ملتا ہے، ہندوستان کے علم و ادب کو غیر معمولی وسعت دی ہے۔ ان زبانوں میں کئی ایسے مضامین پر بحث ملتی ہے جن کی طرف ہمارے ملک میں کبھی توجہ ہی نہیں دی گئی تھی۔ مثلاً سائنس اور پولیٹکل فلاسفی۔ انگریزی کی وجہ سے ناول نویسی کا آغاز ہوا۔ آج کل بھی اگرچہ اب انگریزی حکومت چلی گئی ہے انگریزی زبان کا کافی رواج ہے اور اس سے ہمیں باہر کی دنیا کے متعلق کافی واقفیت حاصل ہوتی ہے۔

عام طور پر دیکھنے میں آیا ہے کہ فنونِ لطیفہ کی مصنوعات کے تلف ہونے کا امکان زیادہ ہے۔ بہ نسبت ادبی شہ پاروں کے۔ اسی لیے زمانہ قدیم کی مصوری ہم

تک بہت کم پہنچی ہے۔ ہاں وہ چند نمونے جو ہمیں دستیاب ہوئے ہیں اور جن میں اجنتا کے غاروں، باگھ اور سیتانو اسل کی تصاویر شامل ہیں ان میں سے اول الذکر دو تو گپتا بادشاہوں کے زمانے کی ہیں اور موخر الذکر پالول بادشاہوں کے وقتوں کی ہیں اور یہ ظاہر کرتی ہیں کہ مصوری نے اس ملک میں کتنی شاندار ترقی کی تھی۔ ان مجسموں کے نمایاں خد و خال اور شوخ رنگوں کا نہایت خوب صورت اور متناسب استعمال اعلیٰ پیمانے کی مصوری کا مظہر ہے۔ بد قسمتی سے ہمارے ملک میں صدیوں علم مصوری پر تاریکی غالب رہی ہے اور اس دوران غیر ملکی حملہ آوروں کی لوٹ کھسوٹ سے ہمارا فن مصوری نیست و نابود ہو گیا ہے۔ مگر بایں ہمہ ان غاروں کی مصوری ہندوستانی فنِ مصوری کی تابناک مثال ہے اور یہ پتہ چلتا ہے کہ کسی وقت میں مصوری کسی قدر بلند پایہ فن تھا۔

مندرجہ بالا فن کے بعد مصوری کا جو ایک نیا انداز اس ملک میں آیا وہ ایک دوسری قسم کا تھا۔ اس نے شمالی ہند میں عہد مغلیہ میں نشو و نما پائی۔ اسے فن تصویرچہ کہا جاتا ہے۔ اجنتا کی تصاویر تو حجم میں بہت بڑی تھیں۔ ان کے بڑے بڑے نقش تھے۔ مگر یہ چھوٹی چھوٹی تصاویر جیسا کہ نام سے عیاں ہے۔ بہت چھوٹی چھوٹی اور باریک خطوط پر مشتمل تھیں۔ اجنتا کے رنگ کافی جگہ گھیرے ہوئے ہیں۔ مگر یہ تصویرچے چھوٹے چھوٹے جواہرات کی مانند کئی مختلف اور خوب صورت دلکش رنگوں میں چمکتے ہیں۔ اجنتا کی تصویروں کے مضامین بودھوں کی کتھاؤں سے لیے گئے تھے مگر تصویرچوں کی مصوری بادشاہوں اوران کے درباریو ں کی سوانح کو پیش کرتے ہیں۔ یہ تصویرچے کی مصوری مغل بادشاہوں کے دربار میں

ایران اور وسطی ایشیا سے آئی تھی۔ اگرچہ بعد میں یہ فن کئی جگہ مروج ہوگیا۔ اٹھارہویں صدی میں کانگڑہ، راجستھان، اور ٹیڑھی گڑھوال میں بھی مقبول ہوگیا۔ ان کا موضوع ہر قسم کے مذہبی، غیر مذہبی، قدرتی نظاروں اور موسیقی کے راگوں پر مشتمل تھا۔

گذشتہ صدی میں اسی طرح بنگالی آرٹ نے جنم لیا۔ اس نے اپنا تاثر ہندوستانی نیز مغربی طرز فن سے لیا۔ اس کے ماہرین نے پانی کے نہایت لطیف رنگوں میں حقیقت نگار اور تاثر پذیر شکلوں میں تصویر کشی کی ہے۔

گذشتہ سو برسوں میں مغربی آرٹ نے مختلف شکلوں میں ہندوستانی آرٹ پر بڑا زبردست اثر ڈالا ہے اور ہندوستانی مصوروں کے لیے دنیا میں ایک نیا دروازہ کھل گیا ہے اور ہر ایک مصور اپنا حسب پسند طرز فن ان متعدد مغربی فنون سے یا روایتی ہندوستانی فن میں سے منتخب کر سکتا ہے۔ اب ہم اسے ہندوستانی آرٹ کے نام سے منسوب نہیں کر سکتے کیونکہ اب یہ ہندوستانی آرٹ دنیا کے آرٹ کا جز بن گیا ہے۔

سنگ تراشی اور فن تعمیر مصوری سے بھی زیادہ اس حقیقت کو واضح کرتے ہیں کہ مختلف اوقات پر مختلف طریقے فن کی آپس میں آمیزش ہوتی رہی ہے۔ کہتے ہیں کہ پتھر بھی بولتے ہیں اور یہ درست ہے۔ سنگ تراشی اور عمارات قدیمہ کے بکھرے ہوئے کھنڈرات سے ہم پرانے زمانے کی کہانی پڑھ سکتے ہیں۔ عمارتی کھنڈرات پر نگاہ دوڑایئے اور ان دنوں یہاں آنے والے سیاحوں کے بیانات کا مطالعہ کیجیے اور ذرا اپنی قوتِ تخیل کو وسعت دیجیے تو ان آثارِ قدیمہ کی واضح تصویر آپ کے دماغ میں آجائے گی کہ وہ عمارات جس وقت ان کی تعمیر ہوئی تھی کس

انداز کی ہوں گی اور ساتھ ہی آپ وہ مشابہت بھی دیکھ پائیں گے جو ہندوستانی اور غیر ملکوں کی سنگ تراشی اور تعمیرات میں پائی جاتی ہے۔

یہ امر قابل غور ہے کہ ہمارے اجداد نے تعمیر کے کام میں یا حقیقت نگاری میں جو کچھ بھی مسالہ ان کے ہاتھ لگا مثلاً لکڑی، اینٹ، پتھر یا دھات۔ اسی سے کام لیا۔ دھات اور پتھر کی اشیا تو زمانے کی دست برد سے بچ گئی ہیں مگر لکڑی اور اینٹ کی مصنوعات نابود ہو گئیں۔ ہاں جو کچھ بھی انھوں نے بنایا اتنے وسیع پیمانے پر بنایا کہ خرچ، مسالہ اور مزدوری کی انتہا کر دی۔ خاص کر جب کوئی مندر یا محل کسی بادشاہِ وقت کے فرمان سے بنایا گیا اور بارہا ایسے کاموں کی تخلیق اور تکمیل مذہبی موضوع پر ہی مبنی ہوتی تھی۔ آرٹ کے خیال سے ایسا نہیں کیا جاتا تھا اور اگرچہ ان کی تخلیق ہندوستانی مذہب اور ہندوستانی تعمیر اور ہندوستانی رنگ تراشی کی بنیاد پر تھی تاہم اس میں کئی دیگر ملکوں کے نمونوں کو پیش نظر رکھا گیا اور اس کے عوض میں اپنا انداز دوسرے ملکوں کو عطا کیا گیا۔

***

۳

قدیم ہندوستان کی دریافت :

ہندوستان کا شاندار ماضی

اے ایل باشم

مترجم: ایس غلام سمنانی

ہندوستان کی قدیم تہذیب مصر، عراق و عرب اور یونان کی تہذیبوں سے اس اعتبار سے مختلف ہے کہ اس کی روایات اس وقت تک مسلسل بر قرار رہی ہیں، ماہرین آثارِ قدیمہ کی آمد سے قبل مصر یا عراق کے کاشتکار کو اپنے آبا و اجداد کے تمدن کا کوئی علم نہیں تھا اور یہ بھی مشکوک ہے کہ اس کا یونانی ہمعصر بھی قدیم ایتھنس کی شان و شوکت کے متعلق خواب جیسے خیالات کے علاوہ بھی کچھ رکھتا تھا، دونوں ہی ملکوں میں ماضی سے تقریباً مکمل انقطاع رہا، بر عکس اس کے یورپ کے جو سیاح ابتدا میں ہندوستان آئے وہ ایک ایسے تمدن سے روشناس ہوئے جسے اپنی قدامت کا پورا شعور تھا۔ یہ ایک ایسا تمدن تھا جسے اپنی قدامت کے سلسلے میں غلو تھا اور جس کو یہ غرہ تھا کہ اس میں کئی ہزار سال سے کوئی بھی اصولی تبدیلی نہیں واقع

ہوئی ہے آج بھی ان قصور اور کہانیوں میں جو کہ معمولی سے معمولی ہندوستانی جانتا ہے ایسے خیالی سرداروں کے نام ملتے ہیں جو تقریباً ایک ہزار سال قبل مسیح میں رہے ہیں اور راسخ العقیدہ برہمن اپنی روزانہ کی عبادات میں ایسی مناجاتیں پڑھتا ہے جو اس سے بھی پہلے منظوم کی گئی تھیں، دراصل ہندوستان اور چین دنیا میں قدیم ترین مسلسل تمدنی روایات رکھتے ہیں، اٹھارہویں صدی عیسوی کے نصف آخر تک یورپ کے لوگوں نے ہندوستان کے قدیم ماضی کا مطالعہ کرنے کے سلسلے میں کوئی خاص کوشش نہ کی اور اس کی ابتدائی تاریخ کا علم ان کو صرف یونانی اور لاطینی مصنّفین کی تصانیف کے مختصر اقتباسات سے ہوتا تھا۔ اس جزیرہ نما میں صرف چند لگن رکھنے والے مبلغین نے معاصر ہندوستانی زندگی کی گہری واقفیت اور یہاں کی بولیوں پر بھرپور قدرت حاصل کی مگر انھوں نے بھی حقیقتاً کوئی کوشش ان لوگوں کے تمدن کے تاریخی پس منظر کو سمجھنے کی نہیں کی جن میں وہ تبلیغ و اشاعت کا کام کر رہے تھے۔ انھوں نے اس تمدن کو اس کی ظاہری ہیئت کے بموجب قبول کر لیا اور اس کو بہت قدیم اور غیر معتبر سمجھ لیا۔ ان کا ہندوستان کے ماضی کا مطالعہ صرف اس طریقۂ غور و فکر تک محدود تھا جو کہ ہندوستانیوں کو نوح کی اولاد اور انجیل مقدس کی معدوم سلطنتوں سے وابستہ کر دیتا تھا۔

دریں اثنا چند مسیحیوں نے ہندوستان کی کلاسیکی زبان سنسکرت پر قدرت کاملہ حاصل کرنے میں کامیابی حاصل کی۔ ان میں سے فادر ہینکسلڈن نے جنھوں نے ۱۶۹۹ سے لے کر ۱۷۳۲ تک مالابار میں کام کیا۔ پہلی سنسکرت قواعد کی کتاب ایک یورپی زبان میں ترتیب دی جو اگرچہ مخطوطے کی شکل ہی میں رہی لیکن اس کا استعمال

اس کے بعد والوں نے کیا۔ دوسرا نام ہے فادر کورٹا وکا جو کہ اول طالب علم ہے جس نے کہ سنسکرت اور دوسری یورپی زبانوں کے درمیان ایک ہم رشتگی کا پتہ لگایا اور یہ خیال ظاہر کیا کہ ہندوستان کے برہمن جافیت کے لڑکوں کی اولاد ہیں جس کے بھائی مغرب کی طرف ترکِ سکونت کر کے چلے گئے تھے، بایں ہمہ ان یسوعیوں نے اپنے مطالعہ کے باوجود ہندوستان کے ماضی سے کوئی حقیقی واقفیت نہیں حاصل کی، علم الہند کی بنیادیں آزادانہ طور پر ہندوستان کے ایک دوسرے حصے میں دوسرے ہاتھوں کے ذریعے رکھی گئیں۔

۱۷۸۳ میں اٹھارہویں صدی عیسوی کے ذہین ترین انسانوں میں سے ایک شخص سر ولیم جونز (۱۷۴۶ تا ۱۷۹۴) کلکتہ میں سپریم کورٹ کے جج کی حیثیت سے آیا، اس زمانہ میں وارن ہسٹنگز، ہندوستان کا گورنر جنرل تھا جو خود بھی مسلم اور ہندو دونوں ہی تمدنوں سے گہرا تعلق خاطر رکھتا تھا۔ جونز ایک ایسا ماہر السنہ تھا جو عبرانی، عربی، فارسی اور ترکی کے ساتھ ساتھ پہلے ہی سے اہم تر یورپی زبانوں کو جانتا تھا، مزید برآں اس نے اس نامکمل مواد کی مدد سے جو اس زمانہ میں یوروپ میں میسر آسکتا تھا۔ چینی زبان کی شدبد بھی حاصل کرلی تھی، ہندوستان آنے سے قبل اس نے فارسی اور دیگر یورپی زبانوں کا باہمی رشتہ سمجھ لیا تھا۔ اس نے اٹھارہویں صدی عیسوی کے اس متشدد نظریہ کو مسترد کر دیا کہ یہ ساری زبانیں عبرانی سے نکلی ہوئی ہیں جو منارہ بابل میں مسخ ہوگئیں، اس متشدد عقیدہ کی بجائے جونز نے یہ نیا خیال ظاہر کیا کہ فارسی اور یورپی زبانیں ایک ایسی مشترکہ زبان کے بطن سے وجود میں آئی ہیں جو عبرانی نہیں ہے۔ ان معدودے چند انگریزوں میں سے جو ایسٹ انڈیا

کمپنی کی جانب سے بنگال کا نظم و نسق انجام دیتے تھے، صرف ایک شخص چارلس ونکنس (۱۷۴۹ تا ۱۸۳۶) ہی ایک ایسا فرد ہے جس نے کسی نہ کسی طرح سنسکرت سیکھ لی، ونکنس اور بنگالی پنڈت دوستوں کی مدد سے جونز نے اس زبان کو سیکھنا شروع کیا، یکم جنوری ۱۷۸۴ کو ایشیاٹک سوسائٹی آف بنگال کا قیام جونز کی تحریک پر عمل میں آیا اور وہ خود ہی اس کا صدر رہا، اس سوسائٹی کے جرنل مسمی 'ایشیاٹک ریسرچرز' میں ہندوستان کے ماضی کو عدم سے وجود میں لانے کے پہلی مرتبہ صحیح اقدامات کیے گئے، نومبر ۱۷۸۴ میں انگریزی میں ایک سنسکرت تصنیف کا براہِ راست پہلا ترجمہ ونکنس کی 'بھگوت گیتا' مکمل ہوا۔ ۱۷۸۷ میں ونکنس نے دوسرا ترجمہ 'ہتواپدیش' کا پیش کیا۔ اس کے بعد ۱۷۸۹ میں ونکنس نے کالی داس کی شکنتلا کا ترجمہ کیا جس کی بیس سال کے عرصے میں پانچ انگریزی اشاعتیں ہوئیں، اس کے بعد ۱۷۹۲ میں انھوں نے 'گیت گووند' کا ترجمہ کیا اور پھر منو کی کتاب قانون کا (یہ جونس کے مرنے کے بعد ۱۷۹۴ میں انسٹی ٹیوٹس آف ہندولا' کے نام سے شائع ہوئی) اس کے بعد ایشیاٹک ریسرچز میں متعدد کم اہمیت والے تراجم شائع ہوئے۔

اس طرح جونز اور ونکنس صحیح معنوں میں علم الہند کے ابوالآبا تھے، کلکتہ میں ان کی پیروڈی ہنری کول بروک (۱۷۶۵ تا ۱۸۳۷) اور ہوریس ہیمین ولسن (۱۷۸۹ تا ۱۸۶۰) نے کی، ان رہنماؤں کی مولفات میں فارسی کے ایک فرانسیسی عالم انکوتل دووپران (Anqwill Dupphon) کی خدمات کو بھی شامل کرنا ضروری ہے جس نے ۱۷۸۶ میں سترہویں صدی عیسوی کے ایک فارسی نسخے سے چار اپنشدوں کا ترجمہ شائع کیا، مکمل مخطوطہ کا ترجمہ جو پچاس اپنشدوں پر مشتمل ہے،

۱۸۰۱ میں منظرِ عام پر آیا۔

ان تراجم کی بنا پر یورپ میں سنسکرت ادب سے دلچسپی بڑھنا شروع ہوئی، ۱۷۹۵ فرانسیسی جمہوریہ کی سرکار نے اِکولی ڈس لینگس اور پینتالیس ورنٹیس (Ecoledes Langues Orien Tales Vivantes) قائم کی اور وہاں الگزنڈر ہملٹن (۱۷۶۲ تا ۱۸۲۴) جو ایشیاٹک سوسائٹی آف بنگال کے بانی اراکین میں تھا اور جو ۱۸۰۳ میں پیس آف ایمنس (Peac of Aiens) کے خاتمے پر فرانس میں پیرول پر مقید تھا، یورپ میں سنسکرت کی تعلیم دینے والا پہلا شخص تھا۔ ہملٹن ہی سے پہلے جرمنی نژاد سنسکرت داں فریڈرخ شلگل نے یہ زبان سیکھی، ۱۸۱۴ میں پہلی بار کالج ڈفرانس (College Defrance) میں سنسکرت کی پہلی یونیورسٹی چیئر قائم ہوئی اور اس پر لیونارودی چیزی متمکن رہے جب کہ ۱۸۱۸ سے جرمنی کی بڑی دانش گاہوں نے پروفیسر شپ بھی قائم کرنا شروع کر دی، برطانیہ میں سب سے پہلے سنسکرت کی تعلیم ۱۸۰۵ ہرٹ فورڈ میں ایسٹ انڈیا کمپنی کے تربیتی کالج میں دی گئی۔ سنسکرت کی سب سے پہلی انگلش چیر بوٹن پروفیسر شپ آکسفورڈ میں قائم ہو کر ۱۸۳۲ میں پر ہوئی جب یہ اعزاز ایچ ایچ ولسن کو بخشا گیا جو ایشیاٹک سوسائٹی آف بنگال کا اہم رکن رہ چکا تھا، اس کے بعد متعدد چیرز لندن، کیمبرج ارایڈنبرا میں قائم ہوئیں اور پھر یورپ اور امریکہ کی مختلف دانش گاہوں میں قائم ہوئیں۔

۱۸۱۶ میں بویریا کے ایک باشندے فرانز پوپ (۱۷۹۱ تا ۱۸۶۷) نے سر ولیم قونز کے اشارات کی بنیاد پر سنسکرت اور یورپ کی کلاسیکی زبانوں کے مشترکہ سرچشمے

کا پتہ لگانے میں کامیابی حاصل کی اور اس طرح تقابلی لسانیات ایک علیحدہ علم ہو گیا، ۱۸۲۱ میں فرانسیسی سوسائٹی ایشیاٹک (Societe Asiatique) کا قیام پیرس میں عمل میں آیا۔ اس کے دو سال بعد لندن میں رائل ایشیاٹک سوسائٹی قائم ہوئی۔ اس آغاز سے قدیم ہندوستانی ادب کی تدوین و مطالعہ کا کام پوری انیسویں صدی عیسوی میں پھیل گیا، انیسویں صدی عیسوی کے یورپ میں ماہرین علم الہند کا غالباً سب سے بڑا کارنامہ وہ ضخیم سنسکرت جرمن لغت ہے جس کو عام طور پر 'سینٹ پیٹر سبوگ لکسی کان' کہا جاتا ہے اور جو کہ جرمن علما اوٹو بوتھ لنگ اور ریوڈالف راتھ کی مرتبہ ہے اور جس کو روسی امپریل اکادمی آف سائنسز جستہ جستہ ۱۸۵۲ سے لے کر ۱۸۷۵ تک شائع کرتی رہی، سنسکرت کے مطالعہ میں انگلستان کا عظیم ترین اضافہ رگ وید کی شاندار اشاعت اور 'مشرق کی مقدس کتابیں' Sacred Books of The East کے ثقہ محشی تراجم کے سلسلوں کی اشاعت ہے۔ ان دونوں ہی کی تدوین عظیم جرمن نژاد سنسکرت کے عالم فریڈرخ میکس ملر (۱۸۲۳ تا ۱۹۰۰) نے جس نے اپنی کارکردگی کی زندگی کا بیش ترین حصہ آکسفورڈ میں تقابلی لسانیات (Comparative Philogy) کے پروفیسر کی حیثیت سے گزارا۔

دریں اثنا قدیم ہندوستانی تمدن کا مطالعہ ایک دوسری سمت میں بڑھ رہا تھا، ایشیاٹک سوسائٹی آف بنگال کے ابتدائی سارے کام تقریباً مکمل طور پر ادبی اور لسانی تھے اور انیسوی صدی کے زیادہ تر ماہرین علم الہند مخطوطات پر کام کر رہے تھے، بہر حال انیسویں صدی عیسوی کی ابتدا میں بنگال سوسائٹی نے اپنی تھوڑی بہت توجہ ہندوستان کے ماضی کی مادّی یادگاروں کی جانب منعطف کرنا شروع کی کیونکہ ایسٹ

انڈیا کمپنی کے پیمائش کنندگان نے مندروں، غاروں اور خانقاہوں کے متعلق اطلاعات فراہم کیں، ساتھ ہی ساتھ کچھ پرانے سکے اور ان مخطوطات کے مندرجات کی نقول پیش کیں جو بہت پہلے دستبرد زمانہ کی نذر ہو گئے تھے، موجودہ مخطوطات کی تعبیر کی مدد سے پرانے مخطوطات کی تعبیر بھی بتدریج ہونے لگی یہاں تک کہ ۱۸۳۷ میں ایک ذہین و ہوشیار مبتدی یعنی کلکتہ کی ٹکسال کے ایک افسر اور ایشیاٹک سوسائٹی آف بنگال کے سکریٹری جیمز پرنسپ نے سب سے ابتدائی برہمی دور کے ایک مخطوطہ کی تشریح و تعبیر کیے اور شہنشاہ اعظم اشوک کے پتھروں پر کندہ فرمانوں کو پڑھنے میں کامیابی حاصل کی، اس تعبیر و تشریح کے میدان میں پرنسپ کے ساتھیوں میں راول انجینئرز کا ایک نوجوان افسر الگزنڈر کننگم تھا جو ہندوستانی آثار قدیمہ کے ابوالآبا کہا جاتا ہے، ۱۸۳۱ میں ہندوستان آنے کے بعد کننگم کو اپنے فوجی فرائض ادا کرنے کے بعد جو بھی وقت ملتا تھا اس کا ایک ایک لمحہ اس نے قدیم ہندوستان کی مادّی یادگاروں کے مطالعہ کے لیے وقف کر دیا، جب ۱۸۶۲ میں ہندوستانی حکومت نے آرکیالوجیکل سرویر کی ایک آسامی قائم کی تو اس پر کننگم کا تقرر ہوا۔ ۱۸۸۵ میں اپنی سرکاری خدمات سے سبکدوش ہونے کے وقت تک اس نے مکمل یکسوئی کے ساتھ ہندوستان کے ماضی کو بے نقاب کرنے کی کوشش کی، اگرچہ اس نے کوئی حیرت انگیز دریافتیں نہیں کیں اور اگرچہ موجودہ آثارِ قدیمہ کے معیار کے مطابق ان کا طریقہ کار غیر ترقی یافتہ اور بھدا تھا لیکن اس میں شک نہیں ہے کہ وسر ولیم جونز کے بعد علم الہند اس میدان کے کسی اور رہ پیما کے مقابلہ میں جنرل سر الگزنڈر کننگم کا زیادہ ممنون ہے، کننگم کو متعدد دوسرے

رہنماؤں کی مدد حاصل تھی اور اگرچہ حکومت کی ناکافی اور قلیل امداد کی وجہ سے آرکیالوجیکل سروے کی سرگرمیاں انیسویں صدی عیسوی کے اواخر میں تقریباً ختم ہو گئیں لیکن پھر بھی ۱۹۰۰ تک بہت سی عمارات کا سروے کیا جا چکا تھا اور بہت سے کتبات پڑھے جا چکے تھے اور ان کا ترجمہ بھی ہو چکا تھا۔

صرف بیسویں صدی عیسوی میں ہی آثارِ قدیمہ کی کھدائی کا کام بڑے پیمانے پر شروع ہوا، ہندوستان کے وائسرائے لارڈ کرزن کی ذاتی دلچسپی کا ممنون ہونا چاہیے کہ ۱۹۰۱ میں آرکیالوجیکل سروے کی اصلاح ہوئی اور اس میں وسعت پیدا کی گئی اور ایک نوجوان ماہر آثارِ قدیمہ جان (جو بعد 'سرجان' ہوا) مارشل کو اس کا ڈائرکٹر جنرل مقرر کیا گیا، ہندوستان کا طول و عرض رکھنے والے ایک ملک کے لیے محکمۂ آثارِ قدیمہ اب بھی افسوسناک حد تک مختصر اور مفلس تھا لیکن مارشل نے متعدد ماہر معاونین کی خدمات حاصل کیں اور اس کے پاس کھدائی کے لیے اس پیمانہ پر مالی وسائل تھے جو اس سے قبل نہیں تھے، پہلی بار ہندوستان کے قدیم شہروں کے نشانات منصۂ شہود پر آنے لگے، علم آثارِ قدیمہ نے اپنا کام سرویئنگ (Surveying) اور قدیم یادگاروں کے تحفظ سے ممیز ہو کر صحیح معنوں میں شروع کر دیا، سرجان مارشل کی سربراہی میں آرکیالوجیکل سروے آف انڈیا کی عظیم ترین فتح بلاشبہ تہذیب سندھ کی دریافت تھی، ہندوستان کے قدیم ترین شہروں کی پہلی علامات کننگم نے دریافت کیں جنھوں نے عجیب و غریب ناقابل شناخت مہریں پنجاب میں ہڑپا کے مضافات میں پائیں، ۱۹۲۲ میں آرکیالوجیکل سروے کے ایک ملازم آر ڈی بنرجی نے مزید کچھ مہریں سندھ میں موہن جو داڑو کے مقام پر

پائیں اور اس امر کو تسلیم کیا کہ یہ عظیم تر قدامت ماقبل آریائی تہذیب کی یادگار ہیں، سر جان مارشل کے زیرِ ہدایت ۱۹۲۴ سے لے کر ان کی سبکدوشی کے وقت یعنی ۱۹۳۱ تک ان مقامات کی باقاعدہ کھدائی ہوتی رہی، کھدائی کا کام مالی عسرت اور دوسری جنگ عظیم کی وجہ سے معرضِ التوا میں پڑ گیا، لیکن جنگ کے معاً بعد سر آر، ای، ماریٹر وہیلر کی مختصر الوقت سربراہی میں ہڑپا کے مقام پر مزید اہم دریافتیں ظہور پذیر ہوئیں، اگرچہ یہ مقامات اب بھی کسی طور سے پوری طرح صاف نہیں کیے جا سکے ہیں۔

ابھی بہت کچھ کرنا باقی ہے، بہت سے مٹی کے تودے جن کی کھدائی نہیں ہوئی ہے، ہندوستان کے ماضی کے تاریک گوشوں پر کافی روشنی ڈال سکتے ہیں اور اب بھی بہت سے نہایت ہی اہم نادر مخطوطات دور رس کتب خانوں میں کرم خوردہ ہو رہے ہیں، ہمیں ہندوستان، پاکستان اور لنکا ایسے غریب ملک ہیں جنھیں بری طرح سے مالی امداد کی ضرورت ہے تاکہ وہ اپنے غریب عوام کے معیار زندگی کو بلند کر سکیں لیکن اس وقت بھی جو کچھ وسائل ان ممالک کو فراہم ہیں ان ممالک کے محکمہ جات آثارِ قدیمہ پورے طور پر اس بات کی کوشش کر رہے ہیں کہ اپنے ماضی کے رخ سے نقاب اٹھائیں۔

پچھلی صدی عیسوی میں خود ہندوستانیوں نے بھی بہت سے قابل قدر کارنامے انجام دیے، بالخصوص سنسکرت داں اور ماہرِ علم کتبات ڈاکٹر بھاؤ داجی، ڈاکٹر بھگوان لال اندراجی، ڈاکٹر راجندر لال مترا اور عظیم سر آر، جی، بھنڈارکر، اس اعتبار سے علم الہند کے ضمن میں پہلی ابتدا خود ہندوستانیوں کی طرف سے ہوئی۔ ہند کے

ماہرین اس وقت بڑی تیزی سے عظیم مہابھارت کی پہلی تنقیدی اشاعت میں مصروف ہیں اور انھوں نے ضخیم پونا سنسکرت لغت پر کام شروع کر دیا ہے جو مکمل ہونے کے بعد ساری دنیا میں غالباً علم لغت پر سب سے بڑا کام ہو گا، اس وقت محکمہ آثارِ قدیمہ کے ڈائرکٹر جنرل ایک ہندوستانی (ڈاکٹر اے گھوش) ہیں اور آج ایک یوروپی ماہر علم الہند اہلِ ہند کا مددگار اور دوست نقاد کے علاوہ اور کچھ نہیں ہو سکتا۔ ایسے وقت میں جب کہ ایشیا میں ایک صدی اور اس کے نصف پر یورپی تسلط کے خلاف ردعمل ہو رہا ہے اور ایک نیا تمدن جو مشرق و مغرب کے تمدنی و تہذیبی عناصر کا ایک مرکب ہو گا جنم لے رہا ہے، ایک یورپی طالب علم علم الہند کے میدان میں اپنا مفید کردار ادا کر سکتا ہے۔

***

۴

خواجہ حسن نظامی کے انشائیوں میں ہندوستانی تہذیب و ثقافت

محمد اکبر

انیسویں صدی کے آغاز میں انگریز حکمرانوں نے اپنی سیاسی گرفت کو مضبوط اور مستحکم کر لیا تھا۔ مگر تہذیبی اقتدار ابھی تک قائم نہ ہو سکا تھا۔ کیونکہ ہندوستانی اپنی معاشرت اور تہذیبی قدروں سے مطمئن تھے۔ مغربی تہذیب و ثقافت اور اس کے معاشی نظام کو اپنانا ہندوستانیوں کے لیے آسان نہ تھا۔ پہلی جنگ آزادی ۱۸۵۷ کے بعد حالات تبدیل ہوئے ہندوستانی عوام اپنے آپ کو مجبور اور بے بس محسوس کرنے لگے۔ آہستہ آہستہ انگریزوں کے تہذیبی برتری کا تصور ابھرنے لگا۔ لوگ اسے قبول کرنے پر آمادہ ہو رہے تھے۔ جس سے انگریزی حکومت اور اس کی تہذیب کی حمایت بڑھتی جا رہی تھی۔ لوگوں کو عہد وسطی کی تہذیب فرسودہ نظر آنے لگی تھی۔ اس میں نئے عہد کی سیاسی، معاشرتی اور ذہنی تقاضوں کو پورا کرنے کی صلاحیت نہیں تھی۔ لہٰذا انھیں انگریزوں کی پیروی میں ہی ہندوستان کی ترقی اور

کامیابی نظر آنے لگی۔ اس ذہنی کشمکش اور تصادم کے دور میں خواجہ حسن نظامی کی پیدائش ہوئی۔ ابتدائی تعلیم کا آغاز بستی نظام الدین، نئی دہلی میں ہوا، مولانا اسماعیل کاندھلوی اور مولانا یحییٰ کاندھلوی جیسے اساتذہ سے آپ کو شرف تلمذ حاصل رہا۔ آپ کی فراغت مدرسہ رشیدیہ گنگوہ سے ہوئی۔

خواجہ حسن نظامی اردو کے ایک صاحب طرز ادیب اور صحافی تھے۔ انھوں نے بے شمار مضامین، افسانے، انشائیے، روزنامچے، خاکے اور سفر نامے تحریر کیے ہیں۔ وہ صوفیا کے خاندان سے وابستہ تھے۔ خدا کا خوف، وسیع المشربی، انسان دوستی، کشادہ قلبی، خلوص، رواداری، اور اعلی انسانی قدریں وغیرہ انھیں اپنے آباؤ اجداد سے ورثے میں ملی تھیں۔ انھوں نے ان اقدار کو اپنی شخصیت اور مزاج کا جز بنالیا تھا۔ فطری طور پر ان کی نگارشات میں بھی ان کا اثر دیکھنے کو ملتا ہے۔

خواجہ حسن نظامی نے انشائیے کو بام عروج تک پہنچایا اور انشائیہ کے فن کو ترقی دی اور اس کے اسلوب کو نکھارا۔ انشائیے کی جتنی خصوصیات ہیں وہ سب ان کے یہاں موجود ہیں۔ خواجہ حسن نظامی کے انشائیوں کا مجموعہ 'سی پارۂ دل' ۱۳۴ انشائیوں پر مشتمل ہے۔ جسے پانچ منازل میں منقسم کیا گیا ہے اور ہر منزل کا الگ الگ عنوان مقرر کیا گیا ہے۔ پھر شذرات کے تحت کچھ اور انشائیے دیے گئے ہیں۔ دوسرا مجموعہ 'کانا باتی' جس میں انشائیوں کے علاوہ ریڈیائی تقریریں بھی شامل ہیں۔ اگر تمام انشائیوں کے عنوانات پر غور کیا جائے تو ان میں ایک مخصوص سلسلۂ خیال کی جھلک نظر آتی ہے۔

خواجہ صاحب کو اس بات کا ڈر تھا کہ انسان اس سرمایہ دارانہ نظام، مشینی دور

اور مادیت کے غلبہ میں زندگی کی اخلاقی اقدار، مذہب بالخصوص تصوف سے بیگانہ ہو جائے گا اس لیے انھوں نے انشائیہ نگاری کا مقصد تصوف کو فروغ دینا بتایا۔ وہ خود لکھتے ہیں :

"میں نے جتنی بھی خامہ فرسائی کی ہے وہ محض اس لیے کی ہے کہ نئی روشنی کے لوگ جو صوفیوں کی پرانی کتابیں نہیں پڑھتے یا ان کتابوں کے قدیمی طرز تحریر کے سبب تصوف ہی سے غیر مانوس ہوتے جاتے ہیں۔ میرے نئے انداز تحریر سے ادھر راغب ہوں اور کیف روحانی سے فائدہ اٹھائیں۔"

(سی پارۂ دل، خواجہ حسن نظامی، خواجہ اولاد کتاب گھر، درگاہ حضرت خواجہ نظام الدین اولیائ دہلی، نواں ایڈیشن، ص،(۱۶، ۱۵

خواجہ حسن نظامی نے اپنی نگارشات میں تصوف کے نکات کی عکاسی کی ہے۔ ان کے معاصر انشائیہ نگار بھی سماج کے اعلیٰ طبقے کے لیے لکھ رہے تھے۔ ان کی تحریریں اپنی علمی اور فلسفیانہ موضوعات کے باعث عوام کی ذہنی سطح سے مطابقت نہیں رکھتی تھیں ان کے برخلاف حسن نظامی نے گہری اور بصیرت افروز باتیں بھی سادہ اور اس قدر عام فہم انداز میں پیش کیں کہ قاری انھیں آسانی سے سمجھ سکے اور ان سے نصیحت حاصل کر سکے۔ ان کا مخاطب سماج کا عام طبقہ ہے یعنی معمولی پڑھے لکھے لوگ ہیں جن میں خاص طور پر ان کے مریدین شامل ہیں جو ان کی ذہنی سطح اور تعلیمی استعداد سے بہت اچھی طرح واقف تھے اسی بنا پر انھوں نے اپنے انشائیوں میں قاری کے لیے مسرت کا سامان فراہم کیا ہے۔ خواجہ صاحب ایسے انشائیہ نگار ہیں جنھوں نے اپنے ماحول اور اپنے چاروں طرف پھیلے ہوئے معاشرے سے

موضوعات کا انتخاب کیا۔ چھوٹے چھوٹے موضوعات پر طبع آزمائی کی مثلاً مست الست کی دعا، بھگت کے بس میں آ بھگوان، کعبے والے خدا کو کیوں کر پاؤں،اور جھولی والے فقیر کی بھیک وغیرہ ان سب میں اخلاق کا کوئی نہ کوئی درس، معرفت کا کوئی نہ کوئی گوشہ اور عبرت کا کوئی نہ کوئی پہلو تلاش کر لیتے ہیں۔ الو، مکھی، مٹی کا تیل، لالٹین، دیاسلائی، فٹ بال یہ سب عام سے موضوعات ہیں۔ لیکن خواجہ حسن نظامی ان میں بھی افادیت کا پہلو تلاش کر لیتے ہیں۔

خواجہ حسن نظامی کے انشائیوں میں سب سے پہلے جس چیز پر نظر پڑتی ہے وہ ہے ان کے عنوانات کا نرالا پن۔ ان کے عنوان سے ہی انبساط کا پہلو نمایاں ہوتا ہے۔ انھوں نے عام رنگ سے ہٹ کر اپنا راستہ اختیار کیا ہے۔ حسن نظامی بہت غور فکر کے بعد اپنے انشائیوں کے عنوان رکھتے تھے۔ اس لیے کہ عنوان ہی کسی انشائیے کی جان ہوتی ہے۔ مثال کے طور پر جھینگر کا جنازہ، گرفتار شدہ خطوط، کانا باتی مکھی وغیرہ کو اپنے انشائیوں کا موضوع بنا کر ایسے نثر پارے تخلیق کیے ہیں جن میں فنی خوبیاں موجود ہیں۔

ہندوستان کی ثقافتی اور تہذیبی کاموں میں خواجہ حسن نظامی نے جس طرح دلچسپی لی ہے وہ ناقابل بیان ہے یا یوں کہیں کہ انھوں نے ان میں اپنی تحریروں کے ذریعے جان ڈال دی ہے۔ اہل علم اسے بھلا نہیں سکتے، وہ ہر مذہب و ملت کے لوگوں سے اچھے تعلقات رکھتے تھے۔ مسلمان، سکھ، عیسائی سب ہی ان کے عقیدت مند تھے۔ وہ ہمیشہ فرقوں اور مذاہب میں خوشگوار تعلقات قائم کرنے کے لیے کوشاں رہتے تھے۔ خواجہ صاحب نے اپنے آپ کو عوام کی زندگی کے دھارے سے

کبھی دور نہیں کیا ان کا قلم معمولی سے معمولی موضوع کے لیے اٹھتا رہا۔ وہ جھینگر کی موت اور مچھر کی بھنبھناہٹ کو بھی ادب کا روپ دینے پر پوری قدرت رکھتے تھے۔ اس طرح کا تنوع صرف نظیر اکبر آبادی کے یہاں نظر آتا ہے۔ جنھوں نے اپنی نظموں میں اپنے عہد کی عوامی زندگی، تہواروں، تقریبات، پیشہ وروں، معمولی چیزوں، کیڑوں مکوڑوں اور دیگر مختلف چیزوں کی حقیقی انداز میں مرقع کشی کی ہے۔ نظیر اکبر آبادی کی طرح خواجہ صاحب کی نظر بھی مکھی، مچھر، الو اور جھینگر وغیرہ پر پڑتی ہے۔ انھوں نے حقیر سے حقیر شئے کو عزت و وقار عطا کر کے اس میں معرفت اور تصوف نیز دیگر امور کے نہ جانے کتنے گوشوں کو ڈھونڈ نکالا ہے۔ وہ اپنی زبان سادہ عام فہم اسلوب اور عوامی کلچر کے قریب رکھتے ہیں۔ اردو کو مقامی احساسات اور ثقافتی مزاج کا ترجمان بنانا چاہتے ہیں۔ ڈاکٹر آدم شیخ حسن نظامی کی انشائیہ نگاری کے متعلق رقمطراز ہیں:

"حسن نظامی کے انشائیوں کی سب سے بڑی خوبی ان کے بظاہر معمولی عنوانات ہیں جن پر انھوں نے بڑی سلاست اور شستگی کے ساتھ اپنے خیالات کا اظہار کیا ہے۔ الو، دست پناہ، آغوش مچھر میں شب عید اور تنکے کا سلوک جیسے انشائیوں میں اس فقیر ادیب نے غور و فکر کے زبردست خزانے پوشیدہ کیے ہیں یوں تو حسن نظامی اپنی تحریروں میں خانقاہ کی فضا سے فرار حاصل نہ کر سکے لیکن اس چہار دیواری میں رہ کر بھی انھوں نے اپنے افکار و اظہار کے ذریعے انشائیوں کی ایک ایسی دنیا پیدا کی ہے جس پر ان کی شخصیت اور فطرت جھلکتی ہے۔ خدا پرستی اور انسانی ہمدردی ان کے مضامین میں بنیاد کا کام کرتے ہیں کہ ان کا

ہر لفظ دل میں اترتا معلوم ہوتا ہے۔"

(ڈاکٹر آدم شیخ، انشائیہ، بمبئی رائٹرس امپوریم پرائیویٹ لمیٹڈ، تیسرا ایڈیشن، ۱۹۷۵، ص، ۶۸ (

خواجہ حسن نظامی نے صوفیانہ عناصر کو اپنے انشائیوں میں براہ راست پیش کیا ہے۔ وہ بغیر کسی تمہید کے اصل موضوع کو بیان کرنے لگتے ہیں عموماً روزمرہ کی کسی مانوس شئے کی ظاہری شکل و صورت کا جائزہ لیتے ہوئے اس میں گہری معنویت کا کوئی نہ کوئی پہلو تلاش کر لیتے ہیں۔ سگنل کی آنکھ، لیمپ اور مٹی کا تیل ان کی نظر میں صرف اندھیرے کو دور کرنے اور گھر کو روشن کرنے والا محض ایک مائع نہیں بلکہ روح کی تاریکیوں کو زائل کرنے والا حقیقت شناس کی شمع روشن کرنے کا ایک ذریعہ ہے۔ جیسا کہ وہ خود اپنے انشائیے میں رقمطراز ہیں:

"اے خاک نشیں تیل! ہم کو تیری یہ ادا بھاتی ہے کہ جہاں آگ قریب آئی تو مشتعل ہوا۔ خدا کی قدرت ہے کہ تجھ میں یہ صلاحیت ہے کہ تو آن کی آن میں شعلۂ زار بن کر مقبول ہو جاتا ہے اور انسان کی یہ قسمت کہ برسوں ٹکریں مارتا ہے۔ پہاڑوں دریاؤں میں سرگرداں پھرتا ہے۔ مگر وہ تجلی نصیب نہیں ہوتی جو وجود خاکی کو جلا کر فنا کر دے۔"

(سی پارۂ دل، خواجہ حسن نظامی، خواجہ اولاد کتاب گھر، درگاہ حضرت خواجہ نظام الدین اولیائ دہلی، نواں ایڈیشن، ۱۹۶۵ص ۱۵۵، ۱۵۴)

ان کی نگارشات کا مطالعہ انسان کو قدرت خداوندی پر غور کرنے، بنی نوع کے ساتھ ساتھ دیگر ذی روحوں سے محبت کرنے اور اپنی اخلاقی تربیت کرنے کی ترغیب

دیتی ہیں۔ وہ اپنی تحریروں سے ایک ایسا ماحول بنا دیتے ہیں کہ قاری ان کی باتیں بلا چوں چرا تسلیم کرلیتا ہے مثال کے طور پر 'گلاب تمہارا کیکڑ ہمارا' میں خود بیان کرتے ہیں :

"کیکڑ کا پھول گلاب کے پھول سے لاکھ درجے اچھا۔ گلاب کا پھول ایک دن کی تیز دھوپ میں کمہلا اور مرجھا جاتا ہے اور کیکڑ کا پھول ہفتوں سورج کا مقابلہ کرتا ہے۔ اور آج کل تعریف اسی کی ہے جو دشمن کے مقابلے میں زندہ سلامت رہے۔" (سی پارۂ دل، ص ۲۱۰، ۲۰۹)

کہیں کہیں خواجہ صاحب کے عنوانات خالص ہندوستانی سماج کی عکاسی کرتے ہیں مثلاً ہم بالک ایک پتا کے، مدنی شیام سندر کی مرلی، پردیسی پیتم دیکھی تہاری پریت، رس کے بھرے تورے نین، گیان کتھا، چنبیلی کے پھول پر شبنم، ہری دواری گنگا کے کنارے چنتا من مورتی، من کہہ ایک دھوبی کا غذی گھاٹ پر اور رام اپدیش وغیرہ۔ ان سب انشائیوں میں خالص ہندوستانی تہذیب کی عکاسی دیکھنے کو ملتی ہیں۔ مدنی شیام سندر کی مرلی، میں بے قرار دل کی پکار کو حسن نظامی نے کس طرح الفاظ کا جامہ پہنایا ہے:

"مگر اب زمانہ گزر گیا، راتیں بیت گئیں، شیام سندر کی مرلی کی آواز سنائی نہیں دیتی، جنگل کے ہرن، باغوں کے مور، آم کی ٹہنی کی کوئل سب اس پیاری اور سریلی صدا کی راہ دیکھ رہے ہیں۔ جس کی کوک کلیجہ میں ہوک پیدا کرتی ہے۔ برسات کا موسم قریب آیا، کالی گھٹائیں امنڈ امنڈ کر آئیں گی اور کرشن کنہیا کی بانسری کو ڈھونڈیں گی۔"

(سی پارۂ دل، نواں ایڈیشن، ۱۹۶۵ء ص ۱۰۲)

خواجہ حسن نظامی نے مختلف صنعتوں کو اپنی نثری اسلوب کا جامہ پہنا کر ایک خاص وصف بخشا ہے۔ ان میں سے ایک تمثیلی بیانیہ ہے جس کی وجہ سے ان کا بیانیہ رمزیہ کے ذیل میں آجاتا ہے۔ جھینگر، مچھر اور مکھی کا انسانوں کی طرح باتیں کرنا، اجمیری پہاڑی کا بولنا، آنسو کا اپنی کہانی سنانا اور دیا سلائی کا انسان سے تکرار تو تو میں میں کرنا دوا کی شیشی کا باطنی اشارے کرنا وغیرہ ان کے انشائیوں کو تمثیلی نثر کا نمونہ بنادیا ہے۔

ایک دیہاتی عورت جس کا شوہر پردیس میں ہے اسے ہچکی آتی ہے تو اسے اس کا شوہر یاد آتا ہے۔ اس کو حسن نظامی نے اپنے انشائیہ "ہچکی' کے ذریعہ بہت ہی اچھے انداز میں پرویا ہے وہ محبوب کے خیالوں میں کس طرح کھو جاتی ہے:

"تو کیوں آئی ہے؟ میرا سجنا تو یاد نہیں کرتا؟ مرے من موہن سندر کے دل میں میرا خیال تو نہیں آیا؟

پھر آئی ہچکی نہ ستا۔ میرا سینا ناتواں ہے۔ اس میں جگہ جگہ پھانسیں چبھی ہوئی ہیں تو آتی ہے تو سینے میں کھٹک ہوتی ہے۔ اس کے زخم دکھنے لگتے ہیں۔ سانس رکا جاتا ہے۔ جب تو آتی ہے گردن کو جھٹکا دیتی ہے اور ناف سے سر تک پٹھوں اور رگوں کو ہلا ڈالتی ہے۔ میرا جی سانس سے گھبراتا ہے اور پیا پیارے کی یاد میں بے قابو ہوا جاتا ہے۔

ہائے میں نے کیسے کیسے درد بھرے خط بھجوائے۔ لکھنا نہ آتا تھا دوسروں سے لکھوائے، مگر اس نے کاغذ کا ایک پرزانہ بھیجا۔ دو حرفوں میں بھی بخیلی کی کس سے

کہوں میری نہ کوئی سکھی ہے نہ سہیلی ہے۔ اپنا ہے نہ پرایا ہے۔ کاش مجھ پر کوئی لعن طعن ہی کرنے والا ہوتا۔ اسی بہانے سے دل بہلتا اس کا ذکر سننے میں آتا۔ میں نے اس کی خاطر رسوائیاں برداشت کی دنیا نے کیا کچھ نہ کہا لیکن اس نے اتنا بھی نہ پوچھا کہ میں بھی کوئی ہوں۔ اب ہچکی آئی ہے کیا (موہنے واسنیہا) پیام یار لائی ہے۔ اگر اس کا خط ہے تو کس سے پڑھواؤں، خیال کے ڈاک میں سانس کا ڈاکیہ لایا ہے۔ وہی پڑھے گا۔ مگر آہ اس خط میں کیا لکھا ہے۔ پڑھنے والوں کی آنکھوں میں آنسو بھرے آتے ہیں۔ تلھ (پیارے) مجھے بتا تو کیوں روندا (روتا) ہے۔ میرا ساجن تو اچھا ہے۔" (ایضاً، ص ۱۳۷-۳۸)

ہچکی کے بہانے اس انشائیے میں بہت کچھ لکھا گیا ہے کتنا گہرا اور عمیق مشاہدہ ہے۔ اس انشائیے میں بھرپور ہندوستانی تہذیب کی عکاسی نظر آتی ہے۔ حسن نظامی کے بہت سے انشائیے مکالموں کے بل بوتے پر آگے بڑھتے ہیں مثال کے طور پر شروع کے چند جملے دیکھیں:

"جاری جا میں روٹی نہیں کھاتا، چاولوں کی پیچ ادھر کنارے پر رکھ دے اور ایک چلم بھر کر لا۔ دم لگاؤں دھواں اڑاؤں غم مٹاؤں۔

چھوا چھو، چھوا چھو، چھوا چھو۔

کیوں ری نند اکی ماں دریا کا پانی گدلا، صابن کم، میں کیوں کر ان میلے کپڑوں کو صاف کروں، چھوا چھو، چھوا چھو، چھوا چھو۔

دیکھ درخت کا پتا سوکھ کر گرا، ہوا اڑا کر لے چلی۔ اب خیر نہیں یہ بچھڑا ہوا کب ملے گا۔ چھوا چھو، چھوا چھو، چھوا چھو۔" (ایضاً، ص ۱۰۳)

حسن نظامی نے ہندوستانی آہنگ کو تصوف میں ڈھالا ہے۔ اور اپنے انشائیوں میں ہندوستانی تہذیب و ثقافت اور تاریخی تلمیحوں کا کثرت سے استعمال کیا ہے۔ ہندی کے ہلکے پھلکے نرم اور مترنم الفاظ کے استعمال سے ان کے اسلوب میں مٹھاس اور رس پیدا ہو جاتا ہے۔ ایجاز و اختصار حسن نظامی کے انشائیوں کی ایک خاص خوبی ہے۔ انھوں نے چھوٹے چھوٹے انشائیے لکھے ہیں جو تکنیک اور معنویت کے اعتبار سے بڑے مکمل اور بھر پور ہوتے ہیں، جیسے 'آیار چل کر دیکھیں'، "برسات کا تماشہ' اور 'مرغ کی اذان' وغیرہ مختصر ہونے کے باوجود جامع ہوتے ہیں جن میں تشنگی کا کوئی پہلو باقی نہیں رہتا۔

خواجہ حسن نظامی کو اپنے عہد کے بدلے ہوئے سماجی و معاشی حالات کی تیز رفتاری کا احساس تھا۔ ان کا ایک انشائیہ 'مچھر' تہذیبی و ثقافتی صورت حال اور ذات کائنات کے مسائل کا اشاریہ بن گیا ہے۔ جو سرعت پذیر ثقافتی تبدیلی کی طرف اشارہ کرتا ہے۔ مچھر کا کردار انسانوں سے کم نہیں، مچھر کو طنز کا آلہ بنا کر پیش کی گیا ہے۔ انھوں نے اس کو عاشق مزاج بتا کر اس زمانے کے نوابوں، راجاؤں کے تعیش پسندی کی طرف اشارہ کیا ہے۔ اس کا ایک اقتباس دیکھیے:

"یہ الزام سراسر غلط ہے کہ بے خبری میں آتا ہوں اور سوتے میں ستاتا ہوں۔ یہ تم اپنی عادت کے موافق سراسر ناانصافی کرتے ہو۔ حضرت میں تو کان میں آکر الٹی میٹم دے دیتا ہوں کہ ہوشیار ہو جاؤ۔ اب حملہ ہوتا ہے۔ تم ہی غافل رہو تو میرا کیا قصور۔ زمانہ خود فیصلہ کرے گا کہ میدان جنگ میں کالا بھتنا لمبے لمبے پاؤں والا بے ڈول فتح یاب ہوتا ہے یا گورا چٹا آن بان والا۔" (ایضاً، ص، ۱۷۳)

خواجہ صاحب کے ان انشائیوں کو پڑھتے ہوئے ہنسی بھی آتی ہے اور قاری بہت کچھ سوچنے پر مجبور ہو جاتا ہے۔ فضابندی اور بیانیہ اسلوب کے ذریعہ تہذیب و ثقافت کی حقیقی تعبیر پیش کرنے کا بہت ہی نرالا انداز اپنایا ہے۔ اسی طرح جھینگر کو انھوں نے ہم عصر تعلیمی، سماجی اور ثقافتی صورت حال پر طنز کا ایک آلہ بنایا ہے۔ جھینگر فتوحات مکیہ کی ایک جلد میں بیٹھا ہوا ہے۔ یہ تاریخی سانحہ ہی نہیں بلکہ کسی قوم کی ثقافتی زوال کا نتیجہ ہے۔ اس کے ذریعہ انھوں نے ہمیں اپنا محاسبہ کرنے کی ترغیب دی۔ جھینگر کے پردے میں فرد اور معاشرے کے رویوں پر گہرا طنز کیا ہے اور مختلف سماجی برائیوں کی طرف ہماری توجہ مبذول کرائی ہے۔

خواجہ حسن نظامی نے مختلف مذاہب اور مختلف صوبوں کے لوگوں کی خصوصیات کا بھی جائزہ لیا ہے۔ انھوں نے جہاں ہندو مسلم اور سکھ کی بات کی ہے وہیں یوپی والے، پنجابی اور دلی والے جیسے موضوعات پر بھی قلم اٹھائے ہیں۔ ان کے موضوعات میں اتنا تنوع ہے کہ یہ بات یقین سے کہی جاسکتی ہے کہ اردو میں کسی انشا پرداز نے اتنے مختلف موضوعات پر نہیں لکھا۔ سیاسی، سماجی، اخلاقی اور فلسفیانہ مسائل سے لے کر چھوٹی چھوٹی چیزوں تک کو موضوع بنایا ہے۔

انھیں زندگی سے بے پناہ محبت تھی اپنے گرد و پیش کی ہر چیز انھیں عزیز تھی وہ عالم تھے اس لیے ان کا علم وسیع تھا۔ آنکھیں اور دماغ کھلا رکھتے تھے اس لیے ان کا مشاہدہ غیر معمولی تھا۔ وہ گوشہ نشیں نہیں تھے بلکہ خدا کی نعمتوں سے لطف اندوز ہونے والے تھے۔ "ٹھنڈا سانس کھجور کی ٹہنی کے نیچے" کے ایک اقتباس کو دیکھیں:

"میرٹھ میں شام تھی، ابر تھا ہوا کا سکوت تھا، آسمان و زمین پر اداسی تھی

جھینگروں کا شور تھا۔ مینڈک جگہ جگہ بول رہے تھے۔ میں نے کھجور کے نیچے کھڑے ہو کر قدرت کے اس نظارے کو دیکھا اور میرے سینے نے ایک ٹھنڈا سانس باہر بھیجا۔ زمین کہتی تھی میں ٹھنڈی ہوں۔ بارش کے پانی نے مجھ کو سیراب کر دیا۔ دیکھو میرے جسم پر پانی بہنے کے نشان پڑے ہوئے ہیں جو بل کھاتا ہوا مجھ پر سے گزرا ہے۔" (ایضاً، ص ۱۱۲)

خواجہ صاحب کے انشائیے مادّی قدروں کی براہ راست مخالفت نہیں کرتے ہیں۔ مگر رومانی اخلاقی رجحانات کو بر قرار رکھنے یا اپنانے اور انسان کا رشتہ کائنات اور فطرت سے استوار کرنے کی ترغیب دیتے ہیں۔ اور اسی پر ان کا زیادہ زور ہوتا ہے۔

حسن نظامی اس بات کو سمجھتے تھے کہ انسان کو زیادہ دیر تک نصیحت اور پند کی باتیں نہیں سنا سکتے۔ اس لیے انھوں نے براہ راست نصیحت نہ کر کے نصیحت کی باتیں انشائیے کے نرم پیرائے میں ڈھالتے چلے جاتے ہیں۔ قاری کو اس طرح کی نصیحت میں تاثیر آنے لگتی ہے۔

خواجہ حسن نظامی ایک وسیع النظر شخص تھے بلا امتیاز وہ سبھی کو ایک خدا کی مخلوق سمجھتے تھے اور سبھی سے پیار کرتے تھے۔ تکریم آدم ان کا شیوہ تھا۔ وہ کسی کو حقیر نظر سے نہیں دیکھتے تھے۔

خواجہ حسن نظامی نے ہندوستان کے موسم، یہاں کے پہاڑ، یہاں کی ندیاں، لوک تہذیب، پھلوں اور پھولوں کا بیان، برسات کا موسم غرض مناظر قدرت کی عکاسی اس طرح کی ہے کہ پوری تصویر آنکھوں کے سامنے آجاتی ہے۔" مدنی شیام

سندر کی مرلی" انشائیہ میں ہندوستانی ثقافت کی جھلک بہت نمایاں ہے۔اس سلسلے کا ایک اقتباس دیکھیے:

"شیام سندر مرلی لیے بن سے نکلے۔وہ ہمارے سیناپتی تیر کمان سنبھالے نمودار ہوئے۔اب کوئی دم میں دم مرلیا باجے گی اور نین کی بدلی برسے گی۔ندی نالے سوکھے تھے۔گنگا جمنا پیاسی تھیں۔گھاٹ کے تیرتھ سونے تھے، بھگتی کا تھا کال پڑا۔ست کے گلے جنجال پڑا۔اب مرگ کی ترشنا دور ہوئی اور جنتا من کافور ہوئی اب ہر ہر کی آمد آمد ہے۔" (ایضاً، ص ۱۰۳)

مجموعی طور پر ہم کہہ سکتے ہیں کہ خواجہ حسن نظامی نے اپنے انشائیوں میں ہندوستانی تہذیب و ثقافت سے اپنے عارفانہ جذبات کو ہم آہنگ کیا ہے۔جہاں جہاں عشقیہ بیان ہوئے ہیں وہاں بھی ہندوستان کی ایک الگ جھلک اپنی پوری آب و تاب کے ساتھ نمایاں ہے۔بالخصوص عشق و محبت اور سوزوگداز کے بیان میں ہندوستانی تہذیب و ثقافت کی جھلک صاف نظر آتی ہے۔انھوں نے مسلمانوں کی اخلاقی اقدار اور اصلاح کے لیے قرآن کی تعلیمات اور تصوف کا سہارا لے کر انشائیے لکھے۔

ہندوستان کے درپیش مسائل سے خواجہ صاحب کا فکری پس منظر تیار ہوا پھر مختلف موضوعات پر سیکڑوں کتابیں کسی مقصد کے تحت لکھ ڈالیں جو آج بھی معاشی اور معاشرتی سطح پر قوم کی اصلاح اور فلاح و بہبود میں معاون ثابت ہوتی ہیں۔انھوں نے اپنی زندگی میں بہت سے اونچ نیچ دیکھے تھے جن سے ان کی بصیرت میں تیزی پیدا ہوئی۔ان کے مزاج کا ضبط اور ان کی سادگی ان کے اسلوب میں نمایاں ہے۔وہ

اردو کے صاحب طرز انشا پرداز ہیں جنھوں نے عام فہم زبان میں طریقت کے رازوں کو عوام تک پہنچایا ان کی ٹکسالی اور شیریں زبان اس وقت تک قدر کی نظر سے دیکھی جائے گی جب تک اردو بولنے والے موجود رہیں گے۔

***

۵

انیسویں صدی میں ہندوستان کا تعلیمی نظام

عمر رضا

اٹھارہویں صدی کے اخیر میں جس نوع کے تعلیمی نظام کو فروغ دیا جانے لگا تھا، اس نے انیسویں صدی میں ایک توانا شکل اختیار کرلی تھی۔ اتنی توانا کہ اسے ہندستان میں جدید تعلیم کے آغاز کے طور پر دیکھا جاتا ہے۔

یہ وہ زمانہ ہے جس میں 'حکومتِ برطانیہ' نے ہندستان میں موجود 'ایسٹ انڈیا کمپنی' پر براہ راست نظر رکھنے کے لیے 'ریگولیٹنگ ایکٹ ۱۷۷۳' پاس کیا۔ وارن ہسٹنگز (Warren Hastings: ۱۷۳۲-۱۸۱۸) کو ہندستان کا پہلا گورنر جنرل مقرر کیا اور کمپنی کے بعض اختیارات 'برطانوی عہدیداران / حکمران' کے ہاتھوں منتقل کرنا شروع کر دیا تھا۔ اس حوالے سے ولیم پٹ دی ینگر (William Pitt the Younger: ۱۷۵۹-۱۸۰۶) کا ذکر بھی ضروری ہے جس نے ۱۷۸۳ میں برطانیہ کے وزیر اعظم کا عہدہ سنبھالا اور ۱۷۸۴ میں ایک ایسا قانون ۲ پاس کیا جس کے تحت ایک 'بورڈ آف کنٹرول' کا قیام عمل میں آیا۔ اسی بورڈ کے ذریعے حکومت برطانیہ نے کمپنی کے 'دیوانی'، 'فوجی' اور 'مالی' معاملات پر پورا اختیار حاصل کرلیا

تھا۔یہی نہیں اب 'گورنر جنرل' ہندستان کا حقیقی حکمراں بن گیا تھاجو 'برطانوی پارلیمنٹ' کے تحت کام کرتا تھا۔

ایسٹ انڈیا کمپنی کا کام چونکہ تجارت کرنا تھااور اس معاملے میں اب بھی اس کی اجارہ داری قائم تھی،اس لیے کمپنی نے ہندستان کے تعلیمی اور کسی قدر سیاسی معاملات و مسائل میں کوئی دلچسپی نہیں لی۔ البتہ برطانوی عہدیداران اس میں خصوصی دلچسپی لینے لگے تھے۔ کیونکہ اب انھیں اس بات کا بخوبی اندازہ ہو گیا تھا کہ ہندستان پر وہ اپنی حکومت قائم کرسکتے ہیں۔یہی وجہ ہے کہ اس کے قیام کے لیے وہ نت نئے پروگرام تشکیل دینے لگے تھے۔انہی میں ایک اہم پروگرام ہندستان کے عوام کو'انگریزی / عیسائی'رنگ میں رنگنا بھی تھا۔چنانچہ انھوں نے ہندستانی عوام کو عیسائی بنانے کی قواعد شروع کردی تھی۔اس حوالے سے اس زمانے کے دو برطانوی عہدیداران 'چارلس گرانٹ'اور'ولیم ولبرفورس'کا ذکرنا گزیر ہے۔

چارلس گرانٹ(Charles Grant: ۱۷۴۶ -۱۸۲۳) کی آمدِ ہندستان ۱۷۶۷ میں ایک ملٹری عہدیدار کے طور پر ہوئی، لیکن بہت جلد اسے ایسٹ انڈیا کمپنی کے تجارتی امور کی ذمے داری سونپ دی گئی تھی۔ابتدا میں اسے بنگال کی تجارت کا Superintendent بنایا گیا تھا۔گرانٹ چونکہ اس زمانے میں سرگرم عیسائیوں کے ایک مذہبی،اخلاقی اور سیاسی جماعت Clapham Sect سے متاثر تھا، اس لیے بہت جلد اُس نے عیسائی مشنری کی تبلیغی سرگرمیوں میں حصہ لیتے ہوئے ہندستان کے زیادہ تر باشندوں کو عیسائی بنانا، اپنی زندگی کا مقصد بنالیا تھا۔ شاید یہی وجہ ہے کہ ۱۷۸۶ میں گورنر جنرل کارن والس (Charles

Cornwallis: ۱۷۳۸-۱۸۰۵) نے گرانٹ کو ایسٹ انڈیا کمپنی کے تجارتی بورڈ کا رکن مقرر کردیا تھا۔ ۱۷۹۰ میں ملازمت سے سبکدوش ہوکر وہ برطانیہ واپس چلا گیا جہاں اس کی ملاقات ولیم ولبر فورس سے ہوئی۔

ولیم ولبر فورس(William Wilberforce: ۱۷۵۹-۱۸۳۳) ایک برطانوی سیاست داں اور غلاموں کی تجارت کو ختم کرنے کی تحریک کا رہنما تھا۔ اس نے اپنے سیاسی کیریئر کا آغاز ۱۷۸۰ میں کیا اوراپنے آبائی شہر یورکشائر(Yorkshire) کے لیے ایک آزاد رکن پارلیمنٹ(MP) منتخب ہوا تھا۔ ۱۷۸۵ میں مسیحی بن کر وہ Clapham Sect کا روح رواں بن گیا تھا۔ ولیم ولبر فورس کی ملاقات نے گرانٹ کی مذہبیت پر گہرا اثر ڈالا۔ چنانچہ اس نے ۱۷۹۲ میں Observations on the State of Society Among the Asiatic Subjects to Great Britain, Particularly with Respect to Morals, and on the Means of Improving it کے عنوان سے ایک کتابچہ لکھا جس میں گرانٹ نے بے حد پُرجوش انداز میں ہندستان کو تبلیغ کے ذریعے عیسائی بنانے کی تجویز پیش کی۔ ۳؎ بقول مالک رام:

"۔۔۔ان [چارلس گرانٹ] کا خیال یہ تھا کہ اس مقصد میں کامیابی کی پہلی منزل یہ ہے کہ یہاں انگریزی کا عام رواج ہو۔ جونہی لوگ انگریزی پڑھنے لگیں گے، وہ لامحالہ عیسائیت کا بھی مطالعہ کریں گے اور اس کے بعد وہ آسانی سے اسے قبول کرلیں گے۔ اس لیے انھوں نے انگریزی کی ترویج پر خاص زور دیا اوراس کے لیے دو تجویزیں پیش کیں: اول، ہندستان میں کمپنی کی حکومت کا سارا کاروبار

انگریزی زبان میں ہونا چاہیے۔ دوم، ہندستانی مدارس میں ذریعۂ تعلیم انگریزی کر دیا جائے۔

اس مضمون میں انھوں نے یہ رائے بھی ظاہر کی کہ ہمیں کام کی وسعت سے گھبرانا نہیں چاہیے۔ خود ہندستانی باشندے انگریزی پڑھنے کے بہت مشتاق ہیں۔ اگر ایک مرتبہ ہم نے انگریزی پڑھانا شروع کر دی تو کوئی دن جاتا ہے کہ خود ہندستانی اس میں اتنی مہارت اور لیاقت حاصل کر لیں گے کہ وہ ہماری مدد کے بغیر اپنے ہم وطنوں کو یہ زبان پڑھانے کے قابل ہو جائیں گے۔"۴

۱۷۹۳ میں برطانوی پارلیمنٹ کے سامنے کمپنی کا مشرقی ممالک سے تجارتی اجارہ داری کا قانون چارٹر ایکٹ ۵ پیش کیا گیا تو برطانوی پارلیمنٹ کے ایک رکن کی حیثیت سے ولیم ولبر فورس نے ایک قرارداد پیش کی جو گرانٹ کے کتابچے پر مبنی تھی۔ اس میں اس نے کہا کہ 'قانون میں یہ لکھا جائے کہ کمپنی کا یہ فرض ہوگا کہ وہ وقتاً فوقتاً ولایت سے ایسے تجربہ کار اور اہل علم لوگوں کو ہندستان بھیجتی رہے، جو مدرس اور مشنری کے فرائض سر انجام دے سکیں۔'۶ ولیم ولبر فورس کی اس تجویز پر کمپنی کے ڈائرکٹر بھڑک اٹھے اور اس کی پر زور مخالفت کی۔ نتیجتاً ولیم ولبر فورس کی قرارداد اس وقت تو رد ہو گئی تھی لیکن عیسائی مبلغین کو اس سے تقویت ضرور ملی۔ ۱۷۹۷ میں گرانٹ کے کتابچے کی اشاعت کے بعد تو اس خیال کو مزید فروغ ملنا شروع ہو گیا تھا اور برطانیہ کے بیشتر عہدیداران کی یہ رائے ہو گئی تھی کہ عیسائی مبلغین کو ہندستان جانے کی کھلی آزادی ہونی چاہیے تا کہ وہ تبلیغ کے ذریعے ہندستانیوں کو عیسائی بنا سکیں۔ اس کے ساتھ ہی برطانوی عہدیداروں کی

ایک جماعت انگریز ملازمین کو ہندستانی زبان و تہذیب سے بھی آشنا کرنا چاہتی تھی تاکہ یہاں کے انتظام وانصرام کو وہ بخوبی نبھا سکیں۔اس حوالے سے گورنر جنرل ویلزلی کا ذکر کیا جاسکتا ہے۔

رچرڈ کولے ویلزلی(Richard Colley Wellesley: ۱۷۶۰-۱۸۴۲) نے ۱۷۹۸ میں گورنر جنرل کا عہدہ سنبھالا اور وہ اس عہدے پر ۱۸۰۵ تک برقرار رہا۔اسی کی رہنمائی میں چوتھی اور آخری اینگلو- میسور جنگ ۱۷۹۹ میں لڑی گئی۔یہی وہ جنگ ہے جس میں ۴ مئی ۱۷۹۹ کو شیر میسور ٹیپو سلطان (Sultan Fateh Ali Sahab Tipu: ۱۷۵۰-۱۷۹۹) کو شہید کر دیا گیا تھا۔ اسی سال ویلزلی نے Censorship of Press Act, ۱۷۹۹ نافذ کیا جس کی رو سے کسی بھی اخبار میں خبریں شائع کرنے سے پہلے حکومت کی اجازت لینی پڑتی تھی۔ علاوہ ازیں اس نے کمپنی کے ڈائرکٹرز کے سامنے ایک ایسے کالج کا منصوبہ پیش کیا جس میں انگریز سول ملازمین کو ہندستان کی زبان و ثقافت اور عدالتی نظام سے روشناس کرایا جاسکے۔

جیسا کہ ذکر کیا جاچکا ہے کہ ایسٹ انڈیا کمپنی تعلیم کا بار برداشت نہیں کرنا چاہتی تھی۔یہی وجہ ہے کہ لندن میں موجود بورڈ آف ڈائرکٹر نے قیامِ کالج کی پرزور مخالفت کی، کیونکہ ان کے خیال میں اس کام کے لیے انگلینڈ میں تعلیم کا نظام موجود تھا جہاں سے فارغ التحصیل نوجوانوں کو ہندستان بھیجا جاتا تھا۔اس کے باوجود ویلزلی نے انگریز سول ملازمین کو ہندستان کی زبان و ثقافت اور عدالتی نظام سے روشناس کرانے، نیز ان کی تربیت کے لیے سنہ ۱۸۰۰ میں کلکتہ کے 'فورٹ ولیم' میں ایک

کالج قائم کر دیا۔ اسی میں 'ہندستانی' کا ایک شعبہ قائم کیا گیا جس کی سربراہی جان گل کرسٹ(John Borthwick Gilchrist: ۱۷۵۹-۱۸۴۱) کو دی گئی۔ گل کرسٹ نے انگریز سول ملازمین کی تدریس کے لیے اگرچہ مختلف زبانوں کی کتابوں کو اردو میں منتقل کروایا، لیکن اس کے ساتھ ہی بعض کتابوں کو ناگری میں شائع کر کے ایک زبان کو دو زبان میں تبدیل کرنے کی بنیاد بھی ڈالی جس کا بنیادی مقصد یہاں کی دو بڑی اقوام کے درمیان نفرت اور تفرقہ کا ماحول پیدا کر کے ہندستان پر اپنی حکمرانی کو مستحکم کرنا تھا۔

برطانوی سول ملازمین کے لیے ہندستانی زبان و ثقافت اور یہاں کے افکار و علوم سے آگاہی کو ضروری قرار دے کر فورٹ ولیم کالج میں ویلزلی نے جس طرح سے 'ہندستانی' کا شعبہ قائم کیا اور اس کے تحت مختلف النوع علوم و فنون اور تہذیبوں کو ترجموں کی مدد سے متعارف کرانا شروع کیا، کچھ اسی طرح کا خیال برطانوی حکمرانوں کو ۱۸۰۳ میں جنرل لیک ۸ کی قیادت میں دہلی اور آگرہ وغیرہ پر قبضہ کرنے کے بعد آیا۔

تعلیمی معاملات و مسائل اور خصوصاً عیسائیت کی تبلیغ کو کمپنی شروع ہی سے اپنے لیے مضر ثابت کرتی رہی، کیونکہ اسے اس بات کا بخوبی تجربہ تھا کہ ہندستانیوں کو عیسائی مذہب کی تعلیم دینا اور عیسائی بنانا، انھیں بغاوت پر آمادہ کرنا ہے۔ لیکن برطانوی پارلیمنٹ کے سامنے سابقہ قانون کی تجدید کے لیے Charter Act of ۱۸۱۳ پیش کیا گیا تو تمام تر کمپنی کی مخالفت کے باجود اس میں عیسائی پادریوں کو ہندستان آنے اور یہاں تبلیغ کرنے کی اجازت دے دی گئی تھی۔ نیز گورنر جنرل کو

یہ اختیار بھی دے دیا گیا تھا کہ وہ علم و ادب کی ترقی، ہندستانی علما کی حوصلہ افزائی اور علم و سائنس کو ہندستان کے برطانوی مقبوضات کے باشندوں میں رائج کرنے کے لیے کم از کم ایک لاکھ روپے سالانہ کی رقم خرچ کرے۔ چنانچہ ہم دیکھتے ہیں کہ ۱۸۱۴ میں London Missionary Society نے رابرٹ مے (Robert May: ۱۷۵۲-۱۸۱۴) کی نگرانی میں مغربی بنگال کے چنسورہ (Hugli-Chuchura/ Hooghly- Chinsurah) میں ۱۳۶ ابتدائی اسکول قائم کیے۔ ۱۸۱۷ میں Calcutta School Book Society اور ۱۸۱۸ میں Calcutta School Society جیسے اداروں کا قیام عمل میں آیا۔

کلکتہ اسکول بک سوسائٹی جسے کلکتہ بک سوسائٹی کے نام سے بھی جانا جاتا ہے، کا مقصد ہندستان میں تعلیم کے مغربی طریقوں کو فروغ دینا، نصابی کتب اور لغات کی بڑھتی ہوئی مانگ کو پورا کرنا تھا۔ یہی وجہ ہے کہ اس سوسائٹی نے نئے پرائمری اسکولوں کے قیام کی حوصلہ افزائی کی اور نئے اسکولوں اور اعلیٰ تعلیم کے دیگر اداروں کے لیے نصابی کتابیں شائع کیں۔

کلکتہ اسکول سوسائٹی ایک آزاد تعلیمی ادارہ تھا جس کا مقصد مختلف اسکولوں میں یکساں تدریسی طریقۂ کار کو متعارف کروانا، پاٹھ شالہ یا روایتی اسکولوں کی تعمیر نو اور ترقی، اور نئے اسکولوں کی تعمیر کرنا تھا۔ اس کی افتتاحی تقریب میں جان ہربرٹ ہیرنگٹن(John Herbert Harington: ۱۷۶۵-۱۸۲۸) نے اپنے صدارتی خطبے میں ہنر مند مقامی اساتذہ اور مترجمین کی ضرورت پر زور دیا تھا تاکہ یورپی علوم کو ترجمے کی مدد سے ہندستان میں پھیلایا جاسکے۔

کمپنی چونکہ تعلیمی اور تبلیغی معاملات سے خود کو دور رکھتی تھی، اس لیے مذکورہ بالا تعلیمی سرگرمیاں محدود اور کسی قدر سست روی کا شکار رہیں لیکن ۱۸۱۳ میں تجدید قانون کے تقریباً دس سال بعد ۱۷ جولائی ۱۸۲۳ کو گورنر جنرل ولیم ایمہرسٹ(William Pitt Amherst: ۱۷۷۳- ۱۸۵۷) نے ایک قرارداد کے ذریعے ایک مرکزی ادارہ General Committee of Public Instruction قائم کر کے اس کی رفتار کو تیز کر دیا تھا۔ ہندستان کے مختلف مقامات پر اس کمیٹی کی متعدد شاخیں قائم کی گئیں۔ یکم جنوری ۱۸۲۴ کو کلکتہ میں سنسکرت کالج کا قیام عمل میں آیا۔ دہلی میں انگریزی وضع کا ایک مشرقی کالج کھولنے کی تجویز پیش کی گئی۔ مسٹر جے ایچ ٹیلر(J. H. Taylor) کو، جو اس وقت دلّی کمیٹی کا سکریٹری تھا، دہلی کا تعلیمی جائزہ لینے اور قیام کالج کے لیے کسی معقول اور مناسب جگہ کا انتخاب کرنے کے لیے کہا گیا تو اس نے اپنی تحقیقات جنوری ۱۸۲۴ میں حکومت کو سونپ دی۔ اپنی اس رپورٹ میں مسٹر ٹیلر نے دہلی کے 'مدرسہ غازی الدین'۹ کی بوسیدہ عمارت اور اس میں ہونے والی تعلیمی صورت حال کا بطور خاص ذکر کیا تھا۔

حکومت نے مسٹر ٹیلر کی تحقیقات / روداد اپنی سفارشات کے ساتھ ولایت بھیجی۔ وہاں سے 'مدرسہ غازی الدین' کو کالج میں تبدیل کرنے کا حکمنامہ آگیا جس کی رو سے ۱۸۲۵ میں اسے کالج میں تبدیل کر کے مسٹر جے ایچ ٹیلر کو اس کا پرنسپل مقرر کر دیا گیا تھا۔ کالج میں پہلے تو عربی اور فارسی کی تعلیم دی جاتی تھی، لیکن بہت جلد سنسکرت کا ایک شعبہ قائم کر دیا گیا تھا اور ۱۸۲۸ میں انگریزی اور مغربی علوم و

فنون کی تعلیم کو بھی شامل کر دیا گیا تھا۔ کالج کے قیام کا بنیادی مقصد تو ہندستانیوں کو براہ راست انگریزی میں مغربی علوم و فنون کی تعلیم سے بہرہ مند کرنا تھا، لیکن ابھی یہاں ذریعۂ تعلیم اردو تھا۔ شاید یہی وجہ ہے کہ کالج میں زبان کی حیثیت سے اردو پڑھنے والے طلبا کی تعداد انتہائی قلیل تھی جبکہ جدید مغربی علوم و فنون کو اردو زبان کے ذریعے پڑھنے والے طلبا کی تعداد بہت زیادہ تھی جس کے پیش نظر بہت سی مغربی کتابوں کا دیگر زبانوں سے اردو میں ترجمہ کیا گیا۔ اسکول بک سوسائٹی (School Book Society) کے زیر اہتمام بہت سی مفید کتابیں دیسی زبان میں تیار کی گئیں۔ نصاب کی کتابیں چونکہ اردو میں نہیں ملتی تھیں، اس لیے ان کی تصنیف و تالیف اور ترجمے پر خاصی رقم صرف کرنی پڑ رہی تھی۔ ایسی صورت میں بقول مالک رام:

"حکومت کے متعدد اعلیٰ افسروں کی نظر میں یہ سب باتیں گویا کالج کے بنیادی مقصد (انگریزی زبان اور مغربی علوم و فنون کی ترویج) کے منافی تھیں۔ مشرقی علوم کے یہ مخالف اس صورت حال پر پیچ و تاب کھاتے اور چاہتے تھے کہ کسی طرح یہ سب کچھ ختم کر دیا جائے۔"۱۰

اس مسئلے کو لے کر کمپنی کا سرکاری حلقہ اور خود General Committee of Public Instruction کا مرکز (کلکتہ) دو گروہوں 'مشرقی' اور 'مغربی' میں بٹا ہوا نظر آتا ہے۔ مشرقی گروہ جس کی رہنمائی مسٹر پرنسپ (Henry Thoby Prinsep: ۱۷۹۳-۱۸۷۸) کر رہے تھے، کا کہنا تھا کہ ہندستانیوں کو انگریزی زبان سے چونکہ نفرت ہے، اس لیے مغربی علوم و فنون کی تعلیم کے لیے ان

پر انگریزی زبان کو لازمی قرار دینا، ہمارے اپنے 'مقصد' سے ہمیں دور کر سکتا ہے۔ یہاں 'مقصد' سے مراد ظاہر ہے ہندستان کو محکوم بنانا تھا۔

اپریل ۱۸۳۴ میں ولیم بنٹنک(William Henry Cavendish Bentinck: ۱۷۷۴ -۱۸۳۹) کمپنی کا گورنر جنرل مقرر ہوا۔ اسی سال میکالے (Thomas Babington Macaulay: ۱۸۰۰-۱۸۵۹) گورنر جنرل کی کونسل کے رکن کی حیثیت سے ہندستان وارد ہوا۔ یہ وہ شخص ہے جس نے فارسی کی جگہ انگریزی کو دفتری زبان بنانے کی سفارش کی۔ اس حوالے سے اس نے فروری ۱۸۳۵ میں ایک تجویز بعنوان Minute/ Memorandum on Indian Education پیش کی جس میں اس نے واضح طور پر کہا تھا کہ:

"کسی بھی اچھے یورپی کتابخانے کی ایک الماری کے ایک خانے کی کتابیں ہندستان اور جزیرۃ العرب کے سارے علم وادب پر بھاری ہیں۔"

"بیمار آدمی کو دوا اس کی صحت کے لیے دی جاتی ہے، نہ کہ اس کے ذائقے اور لذت کی تسکین کے لیے۔ اگر انگریزی ان کے لیے مفید ہے تو ہمیں یہ انھیں پڑھانا چاہیے۔ آہستہ آہستہ وہ اس کے عادی ہو جائیں گے اور اسے پسند کرنے لگیں گے۔"

"عربی اور سنسکرت کی کتابوں کی طباعت اور اشاعت فوراً بند کر دی جائے۔ کلکتے کا مدرسۂ عالیہ اور سنسکرت کالج بند کر دیے جائیں۔"

"ہمیں ہندستان میں ایک ایسا طبقہ پیدا کرنا ہے جس کے چہرے کا رنگ اور رگوں میں خون تو بیشک ہندستانی رہے گا لیکن وہ اپنے مذاق اور عقیدے اور اخلاق و

ذہنیت کے لحاظ سے انگریز ہو گا۔"۱۱

میکالے کی اس 'یادداشت' نے مغربی گروہ کے حوصلے بلند کر دیے تھے۔ یہی وجہ ہے کہ مشرقی گروہ کی تمام تر مخالفتوں کے باوجود ولیم بنٹک نے میکالے کی سفارشات کے پیش نظر English Education Act ۱۸۳۵ کو منظوری دے دی تھی۔ اس کے ساتھ ہی انگریزی کو عدالت اور دفتر کی زبان بنادیا گیا۔ ریاضیات (Mathematics)، سائنس(Science)، فلسفہ (Philosophy)، تاریخ(History) اور اخلاقیات (Moral Values) وغیرہ کی تعلیم اب انگریزی میں دی جانے لگی تھی۔ دیسی زبانوں کے درجے ختم کیے جانے لگے تھے۔اس سے بچی ہوئی رقم انگریزی کے طلبا پر خرچ ہونے لگی تھی۔ نتیجتاً وظیفے بند ہو گئے تھے جس سے نادار طلبا کی تعلیم کا سلسلہ منقطع ہونے لگا تھا اور عوام میں بے اطمینانی و شکوک و شبہات پیدا ہونے لگے تھے۔

۱۸۳۶ میں آک لینڈ(George Eden Auckland: ۱۷۸۴-۱۸۴۹) گورنر جنرل مقرر ہو کر ہندستان آیا۔اس نے ۱۸۳۵ کے قانون پر نظر ثانی کر کے ۱۸۳۹ میں ایک نئی قرارداد کو منظوری دی جس میں اگرچہ مشرقی زبانوں میں مغربی علوم کی تعلیم کا راستہ صاف کیا لیکن اس کے ساتھ ہی آک لینڈ نے یہ شق بھی لگا دی کہ:

"یورپی علوم کا سنسکرت اور عربی میں پڑھا جانا بے کار ہے۔ ہمارا فرض ہے کہ جو طالب علم یورپی ادب اور فلسفہ اور سائنس پڑھنا چاہیں، انھیں یہ مضامین انگریزی ہی میں پڑھائیں۔ مزید کوشش اس کی ہونا چاہیے کہ اعلیٰ تعلیم رعایا کے

صرف اعلیٰ طبقوں ہی کو دی جائے کیونکہ اس طبقہ کے پاس اسے حاصل کرنے کی صلاحیت بھی ہے اور وقت بھی۔"۱۲

آک لینڈ کے ذریعے منظور شدہ اس قرارداد کے پیش نظر مغربی علوم و فنون کی کتابوں کو مشرقی زبانوں میں منتقل کرنے کا کام کسی حد تک ٹھپ پڑ گیا تھا جس سے طلبا کی تعلیم پر برا اثر پڑنے لگا تھا۔ کالج کا عارضی پرنسپل مسٹر جے ایچ ٹیلر بے حد مصروف رہا کرتا تھا اور کالج کے کاموں کے لیے زیادہ وقت نہیں دے پاتا تھا۔ البتہ ۱۸۴۱ میں فرانسیسی نژاد فلکس بوتروس(Félix Boutros: ۱۸۰۶-۱۸۶۴) دہلی کالج کا پرنسپل مقرر ہوا، جو دیسی زبان میں تعلیم دینے کا حامی تھا، تو اس کے ذریعے اس کام کو ضرور رفتار ملنے لگی تھی۔ یہی وہ شخص ہے جس نے ۱۸۴۳ میں 'انجمن اشاعتِ علوم بذریعہ السنۂ ملکی'(Society for the Promotion of knowledge in India through the medium of Vernacular Languages) قائم کی جس کا بنیادی مقصد تدریسی مقاصد کے لیے جدید سائنسی علوم کی کتابوں کو دیسی زبان میں منتقل کروانا تھا۔ اس کے تحت اردو زبان میں پہلی بار باضابطہ سائنسی کتابوں، اعلی درجے کی انگریزی، سنسکرت، عربی اور فارسی کتابوں کو نہ صرف یہ کہ اردو میں منتقل کیا گیا بلکہ ان کی طباعت بھی ہونے لگی تھی۔

یہ وہ زمانہ ہے جس میں گھریلو صنعت زوال کا شکار ہو چکی تھی اور ہندستانی عوام کے لیے روزگار کا واحد ذریعہ کمپنی کی ملازمت ہوا کرتی تھی۔ 'انگریزی تعلیم' کی اہمیت کے باوجود اُن ہندستانیوں کو، جو انگریزی سے نابلد تھے، ملازمت مل جایا کرتی تھی، لیکن ۱۸۴۴ میں ہینری ہارڈنگ (st Viscount 1Henry Hardinge,

Hardinge:۱۷۸۵-۱۸۵۶) نے ہندستان کے گورنر جنرل کے طور پر یہ اعلان کرکے کہ 'انگریزی تعلیم یافتہ' لوگوں کو ہی ایسٹ انڈیا کمپنی میں ملازمت مل سکتی ہے، 'انگریزی تعلیم' کی اہمیت کو مزید بڑھا دیا تھا۔

دلّی کالج میں پیشہ ورانہ اور مغربی علوم وفنون کی تعلیم اردو میں تو دی جا رہی تھی لیکن مذکورہ بالا تعلیمی اصلاحات کے سبب عوام کا رجحان اب انگریزی کی جانب بڑھنے لگا تھا۔ یہ وہ حالات تھے جس میں ہندستان کا معاشرہ ایک خاص نوع کی کشمکش سے دوچار ہو گیا تھا۔ عوام کو روزگار کی ضرورت تھی اور انگریزی سے دور بھی رہنا چاہتے تھے، کیونکہ اس کی تعلیم سے انھیں عیسائی ہو جانے کا خطرہ ستاتا تھا۔ نتیجتاً ہندستانیوں اور برطانوی عہدیداروں کے درمیان شکوک و شبہات کی ایک عجیب و غریب فضا قائم ہو گئی تھی جسے اس زمانے کے بعض برطانوی عہدیداران نے دور بھی کرنے کی کوشش کی۔ انہی میں ایک نام جرمن نژاد ڈاکٹر اسپرنگر (Aloys Sprenger:۱۸۱۳-۱۸۹۳) کا ہے جس نے ۱۸۴۵ میں فلکس بوتروس کی سبکدوشی کے بعد کالج کی کمان سنبھالی۔

اسپرنگر عربی زبان وادب کا عالم تھا۔ کم سنی ہی میں اسے مشرقی اور اسلامی علوم سے خاص انسیت پیدا ہو گئی تھی۔ مشرق اور مغرب کے مابین موجود بغض و عناد اور دوری کو وہ کم کرنا چاہتا تھا۔ دلّی کالج کا پرنسپل بننے کے بعد اس کی یہ خواہش یقیناً پوری ہوئی۔ شہر کے علما اور فضلا سے اس نے دوستانہ تعلقات استوار کیے۔ اسی سال اس نے 'فوائد الناظرین' جیسا رسالہ جاری کیا جس کے مدیر ماسٹر رام چندر (Ramchundra:۱۸۲۱-۱۸۸۰) تھے۔

ڈاکٹر اسپرنگر نے مسٹر بوتروس کے جاری کردہ ترجمہ و تالیف کے کام کو مزید وسعت دی۔ اسی کے زیراہتمام اقلیدس (Euclid,)، اصول قانون(Principles of Law)، اصول حکومت (Principles of Government)،اصول قوانین مال گزاری (Principles and rules of wealth management)، الجبرا (Algebra)، عملی علم ہندسہ (Practical Geometry)، تاریخ اسلام (History of Islam)، تاریخ یونان (History of Greece)، تاریخ روما(History of Rome)، کیمسٹری(Chemistry)،اٹلس(Geography)،انتخاب شعرائے اردو، ترجمۂ گلستاں، لیلاوتی، رامائن، مہابھارت، دیوان سودا،دیوان درد، نیچرل فلاسفی (Natural Philosophy)، سیاسی معیشت (Political Economy) اور فلسفہ (Philosophy) جیسی متعدد کتابیں منظرعام پر آئیں۔ سرسید نے اس زمانے میں اپنی کتاب 'آثارالصنادید' ڈاکٹر اسپرنگر کی ہی فرمائش اور تحریک پر مرتب کی تھی۔

۱۸۴۷ کے اخیر میں ڈاکٹر اسپرنگر کو اودھ کے شاہی کتب خانوں میں موجود فارسی، عربی اور اردو کی قلمی کتابوں کی تفصیلی فہرست تیار کرنے کے لیے لکھنؤ بھیج دیا گیا۔ ایسی صورت میں مسٹر جے ایچ ٹیلر نے عارضی پرنسپل کا عہدہ سنبھالا۔ اگرچہ ۱۸۵۰ میں ڈاکٹر اسپرنگر دلّی واپس آگیا تھا لیکن چند ہی مہینوں بعد کمپنی نے اسے مدرسۂ عالیہ کا پرنسپل مقرر کرکے کلکتہ بلالیا تھا اور اس کی جگہ جان / جیمس کارگل(Jhon/ James Cargill) کو دلّی کالج کا پرنسپل مقرر کردیا

تھا۔

جان / جیمس کارگل کو پرنسپل مقرر ہوئے چند ہی دن ہوئے تھے کہ کالج کے بعض طلبا نے، جو اَب مدرس ہو چکے تھے یا شہر میں کوئی اور کام کر رہے تھے، ہندو مذہب ترک کر کے عیسائیت قبول کر لی تھی۔ عوام تو انگریزی زبان اور مغربی علوم و فنون کی تعلیم کو شروع ہی سے شک کی نظر سے دیکھ رہے تھے، اس عمل نے ان کے شکوک و شبہات کو حقیقت میں بدل دیا تھا۔ نتیجتاً طلبہ کی تعداد گھٹنے لگی تھی۔ یہ سلسلہ تقریباً تین برس تک قائم رہا۔ ۱۸۵۴ میں حالات معمول پر آئے۔ یہی وہ سال ہے جس میں جان / جیمس کارگل نے کالج سے کنارہ کشی اختیار کر لی تھی۔ ایسی صورت میں مسٹر جے ایچ ٹیلر کو عارضی پرنسپل بنا دیا گیا تھا۔

کمپنی کے سابقہ چارٹر پر از سر نو غور کر کے The Charter Act of ۱۸۵۳ نافذ کیا جا چکا تھا اور ایک وسیع تعلیمی پالیسی کی بھی ضرورت محسوس کی جانے لگی تھی۔ اس مسئلے کے حل کے لیے اس زمانے میں ایک کمیٹی بنائی گئی تھی۔ اس کمیٹی کا ماننا تھا کہ ہندستان میں تعلیم کو فروغ دینا، کمپنی کے لیے سود مند ہے۔ اس کے ایک سال بعد یعنی ۱۸۵۴ میں چارلس ووڈ(st ۱Charles Wood, Viscount: ۱۸۰۰-۱۸۸۵) کمپنی کے بورڈ آف کنٹرول کا صدر منتخب ہوا اور ۱۹ جولائی ۱۸۵۴ کو اس نے ہندستان میں تعلیم سے متعلق ایک اعلانیہ جسے Wood's Dispatch کے نام سے جانا جاتا ہے، اس وقت کے گورنر جنرل ڈلہوزی(st Marquess of ۱James Andrew Broun Ramsay, Dalhousie: ۱۸۱۲ - ۱۸۶۰) کو روانہ کیا۔ اس میں چارلس ووڈ نے ہندستان کے

اندر انگریزی زبان کے استعمال میں ایک بڑی تبدیلی کا مشورہ دیا۔ اس نے سفارش کی کہ پرائمری اسکول مقامی زبانیں اپنائیں، ہائی اسکول اینگلو ورنیکولر زبان کو اپنائیں اور کالجوں میں انگریزی کو ذریعۂ تعلیم بنایا جائے۔ سچی بات یہ ہے کہ چارلس ووڈ کی سفارشات جسے ہندستان میں انگریزی تعلیم کا "Magna Carta" قرار دیا جاتا ہے، نے ہندستان میں انگریزی زبان کے رواج کو مزید مستحکم کیا۔ اس کا بھی مقصد ہندستانیوں کا ایسا طبقہ پیدا کرنا تھا جسے کمپنی کی انتظامیہ کے لیے افرادی قوت کے طور پر استعمال کیا جاسکے۔ ۱۳

چارلس ووڈ کی مذکورہ بالا سفارشات پر عمل درآمد ہو ہی رہا تھا کہ ۱۸۵۷ کی بغاوت ہوگئی۔ گیارہ مئی اٹھارہ سوستاون کو جب باغیوں نے دلّی کو گھیر لیا تو دلی کالج بھی ان کی زد میں آیا۔ باغیوں نے دلی کالج کو تہ و بالا کر دیا تھا۔ بعض مورخین کے مطابق اسی بغاوت میں ۱۲ مئی ۱۸۵۷ کو دلی کالج کے عارضی پرنسپل مسٹر جے اچ ٹیلر کو باغیوں نے موت کے گھاٹ اتار دیا تھا۔ ۱۴

۱۸۵۷ میں دلی کالج بند ہوا تو تقریباً سات سال بعد ۱۸۶۴ ءمیں اسے از سر نو کھولا گیا۔ شروع کے چار مہینے تک اس کا انتظام ایک پروفیسر مسٹر ہیٹن (Hatton) نے دیکھا۔ بعدازاں مسٹر ایڈمنڈ ولمٹ (Edmand Wilmot: ۱۸۰۹- ۱۸۶۹) انگلستان سے آیا اور پرنسپل کی حیثیت سے اس کے کام کاج کو از سر نو سنبھالا۔ کسی غیر متوقع ضرورت کے سبب وہ ۱۸۶۸ میں کالج سے سبکدوش ہوگیا تو اس کی جگہ سی۔ کے۔ کک (C. K. Cook) کو دلّی کالج کا پرنسپل بنادیا گیا تھا۔

دلّی کالج میں تعلیم کا سلسلہ تو جاری رہا لیکن اب اس میں وہ کشش یا رمق باقی نہیں رہی جو پہلے تھی۔ کیونکہ اس کا الحاق پنجاب یونیورسٹی سے تھا اور یہ یونیورسٹی ابھی امتحان لینے کی مجاز نہیں تھی۔ اس لیے لامحالہ طلبا کو کلکتہ یونیورسٹی کے نصاب کے مطابق امتحانات دینے پڑتے تھے۔ ایسی صورت میں یہاں کا سارا کاروبار انگریزی میں ہونے لگا تھا۔

انقلاب اٹھارہ سو ستاون کے بعد لاہور ایک ایسا مرکز بن کر ضرور ابھر رہا تھا جہاں برطانوی حکومت کے زیر اہتمام میجر فلر (Major Abraham Richard Fuller: ۱۸۲۸-۱۸۶۷) نے گورنمنٹ بک ڈپو اور کالج قائم کر کے انگریزی کتابوں کو اردو میں منتقل کروانا شروع کر دیا تھا۔ ۱۸۶۴ میں قائم شدہ گورنمنٹ کالج، لاہور کے پرنسپل کے طور پر پروفیسر لائٹنر (Gottlieb Wilhelm Leitner: ۱۸۴۰-۱۸۹۹) مشرقی اور مغربی علوم کو بذریعۂ اردو فروغ دے رہے تھے۔ لائٹنر چاہتے تھے کہ ان کا کالج ہر طرح کے معیار پر کھرا اترے، چنانچہ ان کی نگاہ دلی کالج پر ٹکی اور انھوں نے کچھ ایسا کیا کہ ۱۸۷۷ میں حکومت پنجاب نے دلی کالج کو بند کرنے اور وہاں کے تمام طلبا و اساتذہ کو لاہور کالج میں ضم ہونے کا حکمنامہ جاری کر دیا تھا۔

برطانوی ایسٹ انڈیا کمپنی کے اختیارات یوں تو ۱۷۷۳ کے بعد سے ہی محدود کیے جانے لگے تھے، لیکن ۱۸۵۷ کی بغاوت کے نتیجے میں اس نے اپنے باقی ماندہ انتظامی اختیارات بھی کھو دیے تھے۔ اب چونکہ ہندستان پر برطانیہ کا براہ راست کنٹرول ہو گیا تھا۔ اس لیے ہندستانیوں کے تمام تر معاملات و مسائل کا از سر نو جائزہ

لیا جانے لگا تھا۔ تعلیمی صورت حال کے بھی از سر نو جائزے کی بات کہی جانے لگی تھی، کیونکہ ۱۸۵۴ میں پیش کردہ چارلس ووڈ کی سفارشات پر توقع کے مطابق عمل نہیں ہو رہا تھا۔ چنانچہ اس کے نفوذ اور دیگر اصلاحات کے لیے General Council of Education in India کا قیام عمل میں آیا۔ ۱۸۸۰ میں لارڈ رپن (George Frederick Samuel Robinson, 1st Marquess of Ripon: ۱۸۲۷-۱۹۰۹) کی تقرری ہندستان کے وائسرائے اور گورنر جنرل کے طور پر ہو چکی تھی۔ چنانچہ اس نے 'جنرل کونسل آف ایجوکیشن ان انڈیا' کی درخواست پر ہندستان کی تعلیمی صورت حال کا جائزہ لینے کے لیے ۳ اپریل ۱۸۸۲ کو Indian Education Commission کی تشکیل کی۔ اس نے اس کمیشن کی سربراہی سر ولیم ہنٹر (Sir William Wilson Hunter: ۱۸۴۰-۱۹۰۰) کو سونپی۔ یہی وجہ ہے کہ اسے ہنٹر کمیشن (Hunter Commission) کے طور پر بھی جانا جاتا ہے۔ کمیشن نے اگرچہ پرائمری اور ثانوی جماعتوں میں دیسی زبانوں کو ذریعۂ تعلیم کے طور پر برقرار رکھا، لیکن اعلیٰ تعلیم کے لیے انگریزی زبان کو اپنانے کی بات کہی۔ سچی بات یہ ہے کہ اس کمیشن کا مقصد بھی ہندستان میں ایسے تعلیمی نظام کو فروغ دینا تھا جس سے ہندستانیوں کی ایسی جماعت وجود میں آجائے جو سرکاری ملازمت کے خواہاں ہوں اور ملازمت اختیار کرتے ہی برطانوی نو آبادیات کا حصہ بن کر اس کے خلاف احتجاج و مزاحمت کی قوت کو کھو دیں۔

اس طرح ہم دیکھتے ہیں کہ اٹھارہویں صدی کے اخیر میں جس نوع کے تعلیمی نظام کو قائم کیا جانے لگا تھا، اس نے انیسویں صدی میں ایک مضبوط اور مستحکم

ادارے کی شکل اختیار کرلی تھی۔اس حوالے سے 'فورٹ ولیم کالج' اور' دلی کالج' کے علاوہ انیسویں صدی کے اخیر تک نافذ کی گئی تمام تر تعلیمی اصلاحات و سفارشات کا ذکر کیاجاسکتا ہے جس کے تحت اگرچہ دیسی / اردو زبان میں تعلیم دینے کی بات کہی گئی، لیکن انگریزی کو ہی ذریعۂ تعلیم بنایا گیا۔ حقیقت یہ ہے کہ اس زمانے کے ان تعلیمی اداروں اور دیگر اصلاحات و سفارشات کا بنیادی مقصد سنسکرت، عربی، فارسی اور کسی قدر علاقائی / دیسی / اردو ہندی کے تئیں ہندستانیوں کے دل میں بیزاری پیدا کرنا اور ہندستانیوں کا ایک ایسا طبقہ پیدا کرنا تھا جو رنگ و نسل سے تو ہندستانی لیکن فکر اور کلچر کے اعتبار سے انگریز ہوتے۔اس کے اثرات نہ صرف یہ کہ اس زمانے کے ہندستانی عوام۱۵ پر مرتب ہوئے بلکہ آج بھی اس کے بعض اثرات دیکھے جاسکتے ہیں۔یہاں کے عوام کا مغربی علوم و افکار اور انگریزی زبان کا شیدائی ہونا اور اسی میں انھیں اپنے ملک و قوم کی ترقی کا نظر آنا، اسی کا نتیجہ ہے۔

حوالے اور حواشی:

۱۔ سنۂ ۱۶۰۰ میں 'برطانوی ایسٹ انڈیا' کمپنی کا قیام عمل میں آیا۔ اسی سال اسے ہندستان سے تجارت کرنے کی اجازت مل گئی تھی۔ چنانچہ اگست ۱۶۰۸ میں کیپٹن ولیم ہاکنز(Captain William Hawkins: ۱۵۱۶-۱۶۱۳) نے اپنے جہاز ہیکٹر (Hector) کو سورت (گجرات) کی بندرگاہ پر لنگر انداز کر کے ہندستان میں کمپنی کی آمد کا اعلان کر دیا تھا۔ جلد ہی ہاکنز کو اس بات کا احساس ہو گیا تھا کہ یہاں تجارت کے لیے مغل بادشاہ کی اجازت لینی ضروری ہے،اس لیے وہ مغل

دارالحکومت آگرہ پہنچا، لیکن تجارت کے لیے نورالدین محمد سلیم عرف جہانگیر (۱۵۶۹-۱۶۲۷) کی رضامندی حاصل کرنے میں ولیم ہاکنز ناکام رہا۔

۲۔ یہ قانون چونکہ ولیم پٹ کے زمانے میں پاس ہوا تھا، اس لیے اسے Pitt's India Act کے طور پر جانا جاتا ہے۔ اس قانون کا مقصد ۱۷۷۳ کے 'ریگولیٹنگ ایکٹ' کی خامیوں کو دور کر کے ایسٹ انڈیا کمپنی کو برطانوی پارلیمنٹ کے ماتحت کرنا تھا، اس لیے اسے East India Company Act (EIC Act ۱۷۸۴) بھی کہا جاتا ہے۔

۳۔ Charles Grant, Observations on the State of Society Among the Asiatic Subjects to Great Britain, Particularly with Respect to Morals, and on the Means of Improving it, London: The British Library, ۱۷۹۷.

۴۔ مالک رام، قدیم دلی کالج، دہلی: مکتبہ جامعہ، ۲۰۱۱، ص ص ۲۰-۲۱۔

۵۔ ملکہ الزبتھ اول (Queen Elizabeth I: ۱۵۳۳-۱۶۰۳) نے ۳۱ دسمبر ۱۶۰۰ کو ایک 'چارٹر' جاری کر کے 'ایسٹ انڈیا کمپنی' کو ہندستان میں تجارت کرنے کے حقوق دیے تھے۔ چارٹر کی ہر بیس سال بعد تجدید ہوتی تھی۔ ان چارٹروں کے ذریعے حکومتِ برطانیہ کمپنی کے اختیارات اور حیثیت کا تعین کرتی تھی۔ اس مقصد کے لیے پاس کیے جانے والے ایکٹوں کو 'چارٹر ایکٹ' کہا جاتا ہے۔ آخری چارٹر ایکٹ ۱۸۵۳ میں پاس ہوا تھا۔

۶۔ بحوالہ مالک رام، قدیم دلی کالج، ص ۱۹

۷۔ ڈاکٹر جان گل کرسٹ ۱۷۵۹ میں ایڈنبرا (اسکاٹ لینڈ) میں پیدا ہوا۔ ۱۷۸۲ میں بمبئی پہنچا اور ۱۷۸۴ میں وہ بنگال آرمی کے بمبئی دستے میں اسسٹنٹ سرجن کی حیثیت سے ملازم ہو گیا۔ اس نے یہاں رائج اردو زبان (اس زمانے میں اسے ہندی، ہندوی اور ریختہ کہا جاتا تھا) سیکھی کیونکہ اس کے بغیر وہ یہاں اپنے پیشے کو بخوبی سر انجام نہیں دے سکتا تھا۔ اس زمانے میں بہت سے انگریز حکام فارسی یا اردو زبان برطانیہ سے سیکھ کر آتے تھے یا کسی ہندستانی منشی کی خدمات حاصل کر کے سیکھ لیا کرتے تھے۔ اس وقت تک سرکاری زبان فارسی تھی۔ گل کرسٹ نے محسوس کیا کہ فارسی کا رواج اٹھ رہا ہے اور اس کی جگہ اردو مقبول ہو رہی ہے۔ چنانچہ اس نے یہ فیصلہ کیا کہ وہ یہ زبان خود سیکھے گا اور اپنے ہم وطن انگریزوں کو بھی سکھائے گا۔ چنانچہ یہاں اس نے ہندی لغت تیار کرنے کا منصوبہ بنایا اور ۱۷۸۵ میں اس نے اس کے لیے تنخواہ اور الاؤنس کے ساتھ ساتھ ایک سال کی چھٹی بھی مانگی جو منظور کر لی گئی تھی۔ اس کے بعد گل کرسٹ نے لکھنؤ، فیض آباد، الہ آباد، جونپور، بنارس اور غازی پور جیسے مقامات کا سفر کیا۔ دن رات کی محنت شاقہ سے ۱۷۸۶ میں اس نے انگریزی ہندستانی لغت کا پہلا حصہ مکمل کر لیا۔ بورڈ سے درخواست کی کہ اسے بنارس کی زمینداری میں رہنے اور وہاں نیل کی کاشت کرنے کی اجازت دی جائے۔ اجازت مل گئی اور مسٹر چارٹر کے ساتھ نیل کی کاشت بھی کی لیکن بہت جلد مقامی زمینداروں سے مقدمہ بازی میں پھنس گیا تو چارٹر نے یوروپ اور گل کرسٹ نے کلکتہ جانے کا ارادہ کر لیا۔ مئی ۱۷۹۸ میں گل کرسٹ کلکتہ چلا گیا تھا۔

۸۔ جنرل لیک (Gerard Lake:۱۷۴۴-۱۸۰۸) جولائی ۱۸۰۱ میں کلکتہ آیا۔ اس نے ایسٹ انڈیا کمپنی کے فوج کی بہتری کے لیے خود کو وقف کر دیا تھا۔ تمام ترہتھیاروں، پیادہ افواج، گھڑسوار فوج اور توپ خانوں کو اس نے زیادہ قابل انتظام بنایا۔ نتیجتاً ۱۸۰۲ میں اسے مکمل طور پر جنرل بنادیا گیا تھا۔ اس کے ساتھ ہی اس نے متعدد فتوحات حاصل کیں۔ مثلاً ۱۸۰۳ میں دوسری اینگلو-مراٹھا جنگ شروع ہونے پر جنرل لیک نے دولت سندھیا کے خلاف جنگ کی اور دو ماہ کے اندر ہی 'کول' جسے اب علی گڑھ کہا جاتا ہے، میں مرہٹوں کو شکست دی۔ یکم ستمبر ۱۸۰۳ کو علی گڑھ کی جنگ کے بعد اس نے ۱۱ ستمبر کو دہلی، ۱۰ اکتوبر کو آگرہ اور یکم نومبر کو لسواری کی جنگ (Battle of Laswari) میں فتح حاصل کرلی تھی۔

۹۔ غازی الدین خاں کا اصل نام میر شہاب الدین صدیقی اور لقب فرزند ارجمند نواب غازی الدین خان صدیقی بے آفندی بہادر، فیروز جنگ اول (۱۶۴۹-۱۷۱۰) تھا جو قلیچ خان خواجہ عابد خان صدیقی بے آفندی کے بیٹے تھے۔ ۱۶۸۶ میں وہ گولکنڈہ قلعہ کے محاصرہ میں ایک کمانڈر اور فوج کے سربراہ تھے۔ شہنشاہ اورنگ زیب (۱۶۱۸-۱۷۰۷) نے ذاتی طور پر گولکنڈہ کی سلطنت کے آخری حکمران سلطان ابوالحسن قطب شاہ کو قیدی بنایا تو غازی الدین خاں، مغل شہنشاہ بہادر شاہ اول (Mirza Muhammad Mu'azzam: ۱۶۴۳-۱۷۱۲) کے دورِ حکومت میں صوبۂ گجرات کے صوبے دار (گورنر) بنائے گئے تھے۔ ۱۶۹۰ کی دہائی میں میر شہاب الدین عرف غازی الدین خان نے دہلی کے باہر اجمیری دروازہ پر اپنے لیے ایک مقبرہ تعمیر کرایا۔ اس زمانے کے دستور کے مطابق مقبرے کے

ساتھ ایک عالیشان مسجد بنائی گئی جس میں ایک مدرسہ بھی قائم کیا گیا۔ ۱۷۱۰ء میں غازی الدین خاں کا احمد آباد (گجرات) میں انتقال ہوا تو ان کی لاش وہاں سے دہلی لائی گئی اور یہاں دفن ہوئی۔ بعض مورخین کا خیال ہے کہ فنڈ کی کمی کے باعث ۱۷۹۰ء میں مدرسے کو بند کر دیا گیا تھا۔ تقریباً دو سال بعد ۱۷۹۲ء میں اسے دوبارہ جاری کیا گیا۔ یہی وہ مدرسہ ہے جسے بانیِ عمارت کے نام پر 'مدرسہ غازی الدین خان' کے نام سے جانا جاتا ہے۔۔۔۔ یہی مدرسہ آگے چل کر 'دلی کالج' میں تبدیل ہوا۔ (مالک رام، قدیم دلی کالج، ص ۱۸۔)

۱۰۔ مالک رام، قدیم دلی کالج، ص ۳۰۔

۱۱۔ Thomas Babington Macaulay, Minutes on Education in India, Selections from educational Records: ۱۷۸۱-۱۸۳۹ (Part-۱), Edited by H. Sharp, Calcutta: Superintendent Government Printing, ۱۹۲۰, pp. ۱۰۷-۱۱۷.

۱۲۔ بحوالہ مالک رام، قدیم دلی کالج، ص ۳۹۔

۱۳۔ The Despatch of ۱۸۵۴ on General Education in India, London: ۷, Adam Street, Strand, ۱۸۵۴.

۱۴۔ عبدالحق، مرحوم دہلی کالج، دہلی: انجمن ترقی اردو ہند، ۱۹۸۹، ص ۱۷

۱۵۔ انیسویں صدی میں برطانوی عہدیدران نے اپنے نوآبادیاتی منصوبوں کے تحت ہندستانیوں کو تعلیم یافتہ بنانا شروع کیا۔ ان کے ذہن و دل میں انگریزی

زبان اور انگریزی تہذیب کی اہمیت کچھ اس طور پر نقش کی جانے لگی تھی کہ اس کے بغیر ان کی ترقی ممکن ہی نہیں۔اس کے اثرات بڑی تیزی سے مرتب ہونے لگے تھے۔اس کا اندازہ اس بات سے لگایا جاسکتا ہے کہ اس زمانے کے بعض دانشوران انگریزی اور انگریزی تہذیب کے دلدادہ ہوگئے تھے۔اس حوالے سے راجہ رام موہن رائے اور سرسید جیسی عبقری شخصیات کا ذکر کیا جاسکتا ہے۔

***

۶

نسل نو کی نفسیات: ہندوستانی معاشرتی تناظر میں

محمد علم اللہ

نوے کی دہائی میں جنم لینے والی نسل آج جذباتی تنہائی اور اداسی میں گرفتار ہے۔ عہد جدید میں وقت کی رفتار نے اشیا کو اتنا متغیر کر دیا ہے کہ یہ پر تغیر حالات اور مشینی دنیا سے الگ خود کو ایلیئن اور کسی دوسری دنیا کی مخلوق سمجھنے لگی ہے۔ جدید اصطلاح میں انھیں 'جنریشن می' (یعنی 'میری ذات پہلے' کی سوچ رکھنے والی نسل) کہا جاتا ہے۔ ان کی نفسیات، جذبات و خیالات، اور رویوں پر موجودہ زمانے میں کئی آرا سامنے آ رہی ہیں۔

اس موضوع پر ماہر نفسیات جین ٹوینج نے اپنی کتاب (جنریشن می) میں تفصیلی گفتگو کی ہے۔ یہ کتاب ۲۰ویں صدی کے اواخر اور ۲۱ویں صدی کے اوائل میں پیدا ہونے والے افراد کے رویوں اور طرز عمل کو آشکارا کرتی ہے، جنھیں ہزار سالہ اور جنریشن زیڈ کے طور پر جانا جاتا ہے۔ ٹوینج کا استدلال ہے کہ یہ نسل، پچھلی نسلوں کے بالمقابل مختلف سماجی، معاشرتی اور ثقافتی عوامل، جیسے کہ والدین کے رویے، ٹیکنالوجی اور معاشی حالات کی وجہ سے زیادہ خود انحصار، اور انفرادیت پسند ہوتی

ہے۔ اس کتاب نے نسلی اور زمانی فرق سے آنے والی تبدیلیوں اور رویوں کے بارے میں مفید بحث کی ہے، اور معاشرے پر اثر انداز ہونے والے اسباب سے باخبر کیا ہے۔

اس مضمون میں ہم اسی حوالے سے گفتگو کریں گے کہ ہندوستان کے معاشرتی تناظر میں ان کی نہ تو مناسب طریقے سے ہمت افزائی کی جاتی ہے اور نہ ہی ان کی کوششوں کو سراہا جاتا ہے بلکہ عام طور پر انھیں غیر ذمے دار اور بے حس و بے فکر نسل کے طور پر دیکھا جاتا ہے۔ حال ہی میں اس حوالے سے ان نوجوانوں کے احساس و جذبات پر کئی مطالعات سامنے آئے ہیں، جس پر میڈیا کی دلچسپی لائق تحسین اور خوش آئند بات ہے۔

جدید تحقیق کے مطابق اس جنریشن میں بے مصرف پیسہ خرچ کرنے کی بری لت ہے، ساتھ ہی مادیت سے مرعوب اور خوف زدہ ہو کر یہ ڈپریشن کی بھی شکار ہے، جس کی وجہ سے نئی نسل میں خودکشی کا میلان فروغ پا رہا ہے۔ مرکزی دھارے سے فرار اور بغاوت اس کی ضد ہے، روایتی طرز فکر سے اسے شدید نفرت ہے، یہ نسل تلخی تضاد اور تشدد کا آمیزہ ہے۔ اس نسل کے افراد تیزی سے بدلتے ہوئے عالمی معاشرے میں پلے بڑھے ہیں اور اپنے والدین اور دادا دادی کے برعکس خود بلوغت کے عبوری دور سے گزر رہے ہیں۔ نتائج میں یہ بھی کہا گیا کہ ترقی کے بہت سے چیلنجوں سے نبرد آزما ہونے کے ساتھ ساتھ یہ نسل خود کو جدید دور کے بدلتے ہوئے تقاضوں کے مطابق ڈھال بھی رہی ہے۔ تحقیقات کے مطابق بیس سال کی عمر کے یہ نوجوان نفسیاتی تبدیلیوں کے ایک اہم مرحلے سے گزر رہے ہیں

جن کو استہزا سے زیادہ حمایت، تائید اور بے خوف بنانے کی ضرورت ہے۔

اس صدی کے آغاز میں، عوامی نفسیات میں بے شمار بنیادی تبدیلیاں آئی ہیں اور سمجھنے اور حل کرنے کی کوششیں بھی کی جا رہی ہیں۔ ایسی ہی ایک کوشش امریکہ میں ہوئی ہے جس میں ابھرتی ہوئی بالغ نسل کے حوالے سے ایک نظریہ پیش کیا گیا ہے۔ اس بحث میں ۱۸ سے ۲۹ سال کی عمر کی اس نسل کو زندگی کے ایک نئے مرحلے کے طور پر پیش کیا گیا ہے۔ مثلاً جنسی تغیر و تبدیلی، معیشت کی طرف منتقلی، ہائی اسکول سے فارغ اور بالغ ہونے کے درمیان فرق کا بڑھنا وغیرہ۔ یہاں اس بات کی وضاحت ضروری ہے کہ وہ معیارات جو بالغ ہونے کی نشان دہی کرتے ہیں (معاشی آزادی، مستقل ملازمت، اور شادی) ہر کلچر میں مختلف ہوتے ہیں اور اس کو اسی تناظر میں دیکھنا چاہیے۔ اس حوالے سے جہاں ایک طرف مغربی ممالک میں اس پر کافی کام ہو رہا ہے، مشرقی ممالک خاص طور پر ہندوستان میں اس پر تحقیقی کام اب شروع ہوا ہے۔

ہندوستان میں انفارمیشن ٹکنالوجی کے میدان میں نوے کی دہائی میں ترقی کے آغاز کے بعد سماجی اور ثقافتی میدان میں تیزی سے تبدیلیاں آنی شروع ہو گئیں۔ صنعت کاری اور جدیدیت کے طوفان کی وجہ سے اکثریتی طبقے پر اس کا خاصا اثر پڑا۔ امریکہ کی طرح، یہ رجحان ہندوستان میں بھی نظر آتا ہے۔ بنیادی طور پر ہندوستان کی آبادی کے متوسط اور اعلیٰ طبقے سے تعلق رکھنے والے مالداروں میں یہ رجحان تعلیم، اعلیٰ ملازمتوں، محبت اور شادی وغیرہ میں آزادی کی وجہ سے واضح ہوتا جا رہا ہے۔ اس کے علاوہ اس کی ایک وجہ یہ بھی ہے کہ یہ نسل بہتر مواقع کی تلاش میں

بڑی تعداد میں دیہات سے شہری علاقوں کی طرف ہجرت کر رہی ہے، جس کے نتیجے میں سماجی نقل و حرکت میں اضافہ ہوا ہے۔ اس تبدیلی کی وجہ سے ذات پات کے نظام کی گرفت بھی کسی حد تک کمزور ہوئی ہے۔ یوں یہ بات کہی جا سکتی ہے کہ اس رویے کی وجہ سے ہندوستان میں ایک نئے باب کا آغاز ہوا ہے۔

پچھلی دہائی میں متوسط ہندوستانی گھرانوں میں تبدیلی کا ایک سلسلہ شروع ہوا ہے، جس میں گلوبلائزیشن، شہر کاری اور بدلتے ہوئے سماجی ماحول کے مطالبات کے ساتھ، اس نسل کو بہت سے مشکل چیلنجوں کا سامنا کرنا پڑا ہے۔ فکری آوارگی کے ساتھ ہی ساتھ منتقلی کے اس تجربے میں بنیادی تبدیلی بھی آئی ہے۔ مختلف ثقافتوں میں اس مرحلے کا سب سے بڑا پیرامیٹر اور معیار یہ ہے کہ جب تک بچے بڑے ہوتے ہیں، عمر کے اس مرحلے میں اپنی ذاتی ترجیحات کی بنیاد پر تمام امور میں اہم فیصلے کرنا شروع کر دیتے ہیں۔ یہ فیصلے ان کی مستقبل کی زندگی پر خوش گوار اثر ڈالتے ہیں، مادی کامیابی اور خوش حال زندگی گزارنے کی وجہ بنتے ہیں۔ کسی کی پسند کی وجہ سے کیے گئے فیصلوں میں اکثر کئی قسم کے عوامل شامل ہوتے ہیں۔

تاہم اب مابعد سامراجی یورپ اس تغیر پذیر منظر نامے کے درمیان، ہندوستانی نوجوان اپنی شناخت، اور اس کی تلاش کے ساتھ ساتھ اپنے لیے نئی سوچ کا تعین کر رہے ہیں۔ ہندوستان میں نیوکلیئر خاندانوں میں اضافے کی وجہ سے خاندانوں کا نظریہ بھی مختلف ہونے لگا ہے اور نئی نسل، والدین اور بچوں کے درمیان فیصلہ سازی کے عمل سے فاصلہ بڑھنے لگا ہے۔ اس حوالے سے وقت رہتے اس پر کام کرنے اور ان سماجی و ثقافتی تقاضوں کو پورا کرنے کے لیے نیز ہموار زندگی

کے سفر کی قیادت کرنے کے اخراجات میں توازن پیدا کرنے کے لیے خصوصی مہارتیں تیار کرنے کی ضرورت ہے۔

ہندوستان میں اس بابت ایک حالیہ تحقیق کے مطابق نوجوان، زندگی کے اس مرحلے پر اپنے خاندانوں سے آزاد اور خود مختار ہونے کے باوجود، اپنے والدین کے تئیں اپنی ذمے داریوں کو سنجیدگی سے لیتے ہیں. ان اخلاقی اقدار کو سب سے اہم سمجھتے ہیں اور اپنے فرائض منصبی خوش سلیقگی سے پورا کرتے ہیں۔ تحقیقی نتائج بتاتے ہیں کہ یہ نوجوان اپنے والدین کے تئیں بڑے حساس واقع ہوئے ہیں۔ ماں باپ کے سلسلے میں روایتی طرز عمل کو پسند کرتے ہوئے، پرانے خیال کے ہو جاتے ہیں، ان کی خدمت میں کوئی کسر نہیں اٹھا رکھتے، اور اپنی پسند کی زندگی گزارنے کے باوجود اپنے والدین کی دیکھ بھال کی ذمے داری سے پیچھے نہیں ہٹتے۔ ہندوستان میں یہ طبقہ اپنی علیحدہ شناخت بنانے اور خود کفیل بننے کو ترجیح دیتا ہے۔ خود انحصاری کی طرف بڑھتے ہوئے بھی اپنے روایتی اقدار کے ساتھ ہم آہنگی برقرار رکھنے کا یہ رجحان ہندوستانی عوام کے تغیر پذیر منظر نامے کی بالکل درست اور حقیقی نمائندگی کرتا ہے۔

اس حوالے سے معاشی تحفظ، تعلیم اور کیریئر و روزگار کو بھی اس نسل نے اہمیت دی ہے۔ ایک بہتر مستقبل کے لیے معلومات پر مبنی معیشت، اعلیٰ درجے کی ڈگری، ذاتی نظریات اور بڑے شہروں کی طرف نقل مکانی بہت سنجیدہ اور اچھی طرح سے سوچ سمجھ کر اٹھائے گئے اقدامات لگتے ہیں۔ افسانوی ادب، عشق و عاشقی کالٹریچر عام ہوا ہے، حقائق کی جستجو، اور مقاصد کی تلاش میں سرگرمی لائق اعتنا ہے،

جو ہندوستانی شادیوں میں مغربی اور ہندوستانی طریقوں کے بڑھتے ہوئے مخلوط رجحان کو ظاہر کرتا ہے جو نوجوانوں کو اس طرح کے تعلقات میں اپنی بات رکھنے کی اجازت اور آزادی دیتا ہے۔ سماجی روایات اور مذہبی عقائد پر فعال طور پر عمل کرنے کے بجائے نوجوان والدین، معاشی تحفظ، تعلیم اور کیریئر کے لیے اپنی ذمے داریوں کو زیادہ اہمیت دے رہے ہیں۔ حالانکہ کئی لوگ یہ بھی مانتے ہیں کہ یہ نتائج سامراج کے بعد کے عالمگیر دور کی نشاندہی کرتے ہیں جس میں یہ لوگ رہتے ہیں۔

تاہم ان نتائج کو صحیح سیاق و سباق میں دیکھنے کی ضرورت ہے۔ متعدد تحقیقات بتاتی ہیں کہ اب بھی دیہی علاقوں اور دور افتادہ گاؤں اور بستیوں میں رہنے والے بہت سے نوجوان ہندوستانیوں کے خیالات کی عکاسی نہیں کرتے بلکہ جس سماجی و اقتصادی تناظر میں یہ نسل پروان چڑھی ہے اور جس طرح ان کی تعلیم، صحت کی دیکھ بھال اور گلوبلائزیشن تک رسائی ہے، وہ انھیں پچھلی نسلوں اور اپنے زیادہ تر دیہی ساتھیوں سے بہت مختلف بناتا ہے۔

یہاں پر سوال یہ پیدا ہوتا ہے کہ اس نسل کے لیے ان سب کا کیا مطلب ہے؟ مغرب کے مقابلے میں ہندوستان میں ابھرتی ہوئی یہ نسل مختلف نظر آسکتی ہے اور مختلف خیالات کی حامل ہوسکتی ہے۔ تاہم یہ مفروضہ قائم نہیں کیا جاسکتا کہ مغربی لوگوں کی تحقیق سے ہم ان لوگوں کے بارے میں جو کچھ جانتے ہیں وہ عالمی سطح پر بھی منطبق ہوتا ہو۔ آج کی نسل کو جس طرح مقبول میڈیا میں سست اور لاپرواہ کے طور پر پیش کیا جاتا ہے بڑی حد تک یہ مفروضہ حقیقت سے میل نہیں کھاتا۔ کیوں کہ ہندوستان کی یہ نسل نہ صرف اپنے والدین کی اہمیت کو سمجھتی ہے،

بلکہ اپنے طرز زندگی میں خاندان کے تئیں اپنی ذمے داریوں کو بھی اہمیت دیتی ہے۔ مذہبی فکر مشرقی تہذیب و ثقافت میں رچی بسی ہے، اور اس نے کئی موقعوں پر تشدد کی راہ بھی اختیار کی ہے۔ اسی لیے مغربی افکار کی تیز و تند ہوا بھی روایت سے رشتہ کمزور نہ کر سکی۔

ان لوگوں کے لیے اس سے زیادہ اہم اور کیا ہو سکتا ہے؟ اس نسل کے لوگوں کو مختلف موڑ پر زندگی کی تلخ حقیقتوں، متضاد رویوں اور مخالف افکار کا سامنا کرنا پڑتا ہے جس کے لیے ضروری ہے کہ وہ سوچ سمجھ کر اور مکمل معلومات کے ساتھ ان کا سامنا کریں، اور درست فیصلہ کریں۔ بغاوت اور مزاحمتی رویوں سے خود کو دور رکھیں۔

نفسیاتی ماہرین اور تجزیہ نگاروں کا کہنا ہے کہ زندگی کے یہ فیصلے کئی قسم کے ہوتے ہیں۔ کچھ فیصلے ان کی اپنی بقا سے متعلق ہوتے ہیں اور کچھ فیصلے زیادہ عملی ہوتے ہیں، جن کے لیے انھیں اپنی حیثیت و شخصیت کا بار بار جائزہ لینا پڑتا ہے۔ اس بات کا تعین کرنے کے لیے کہ کون سا رویہ سازگار ہے یا کون سا عمل بے سمت، ثقافتی طور پر مشترکہ زندگی کے اہداف کا تعین کرنا بھی ضروری ہے۔ کیوں کہ جسے آج 'نارمل' یا معمول کے مطابق سمجھا جاتا ہے وہ گزشتہ دہائیوں میں 'عام' سمجھی جانے والی چیزوں سے کئی اہم طریقوں سے مختلف ہے۔ اس کے علاوہ، مغربی افکار میں یا گزشتہ دہائی کی پرانی نسل کے ہندوستانیوں کی طرف سے جو چیز عام سمجھی جاتی تھی وہ آج کے ہندوستان کی نسل سے مطابقت نہیں رکھتی۔

بہتر نتائج حاصل کرنے کے لیے، ہندوستان میں اس نسل کی فیصلہ سازی کے

عمل کو سمجھنا ضروری ہے اور یہ محض سروے کے وقت ایک چیک مارک لگانے سے ممکن نہیں ہوگا۔ خاص طور پر ہندوستان جیسے کمیونٹی پر مبنی معاشرے کے لیے، ہمیں اس ایجنسی کو پہچاننے کی ضرورت ہے جو کسی کی زندگی کے مقاصد کے لیے فیصلہ سازی کے عمل سے وابستہ ہو۔ اس بابت کامیابی کی پیمائش کے پیمانے میں تبدیلی بھی ضروری ہے۔

اس سوال کا جواب کہ آیا اس زمرے کے لوگوں کی صلاحیت کی صحیح نشاندہی کی گئی ہے یا نہیں، اس کا جواب ابھی تک نہیں مل سکا ہے۔ میڈیا میں انھیں کس طرح پیش کیا جاتا ہے، ان کے جذبات و احساسات، تنہائیوں اور اداسیوں کو کس نظر سے دیکھا جاتا ہے، ان کو سمجھنے کی کوششیں کتنی مخلصانہ ہیں، اور ان کے نظریات اور اہداف اصل میں کیا ہیں، اس میں ابھی متضاد آرا پائی جاتی ہیں۔ لہٰذا، مرکزی دھارے کے ذرائع ابلاغ میں اہداف کی درست اور حقائق پر مبنی نمائندگی پر زور دینا بھی ضروری ہے۔ یہ اس لیے بھی اہم ہے کیونکہ ہندوستان نے آج کی ابھرتی ہوئی نسل کی قائدانہ صلاحیت کو سراہا ہے، اور مستقبل میں مضبوط کردار ادا کرنے کی صلاحیت کو تسلیم کیا ہے اور جب تسلیم کر لیا تو اس کے لیے فراخ دلی کا مظاہرہ کرنے میں ہی بھلائی ہے۔

آج کی نسل نفسیاتی الجھنوں میں بری طرح پھنسی ہوئی ہے، متضاد رویوں اور مشینی دور نے ان کے کردار کو بے سمت کر دیا ہے، مخالف رجحانات نے انہیں زمانے سے متنفر کر دیا ہے اور وہ روایتی طرز عمل سے نالاں ہیں۔ یہی وجہ ہے کہ وہ مسلّم حقائق کو بھی شک کی نظروں سے دیکھتی ہے۔ اس نسل سے تعلق رکھنے والے

نوجوان خود ساختہ اصولوں پر اسے پرکھنے کی ناکام کوشش کرتے ہیں، اور اہداف کے تعین، اور مقاصد کے حصول میں کسی بھی حد تک جاسکتے ہیں۔ ایسے میں یہ بات خوش آئند ہے کہ معاشرے میں ان کے مقام کا تعین اور ان کی افادیت و انفرادیت کو تسلیم کر کے ان کے متنوع کردار کو سراہا جارہا ہے، ان کے فطری اور حقیقی مسائل پر سنجیدگی سے غور کیا جارہا ہے، اگر معاشرہ اپنی پسند و ناپسند کو نئی نسل پر تھوپنے سے احتراز کرے، تو بہت حد تک رشتے استوار ہوں گے اور ان کی جذباتیت میں یکسانیت دکھائی دے گی۔ ان کی خواہشوں اور منصوبوں میں فکری صلاح، استحکام و اعتماد اور فلاح نظر آئے گی۔

***

۷

اردو مثنوی میں مشترکہ ہندوستانی تہذیب

محمد ارشد

ہندوستانی تہذیب بالخصوص ہندو مذہب اور عقیدے کے مطابق بنارس ایک مقدس مقام ہے جہاں بہت سے عقیدت مند ہندو تیرتھ کے لیے جاتے ہیں اردو شاعری میں اس کا بہت ذکر ملتا ہے دیگر اصناف کی طرح مثنوی میں بھی اس کا بیان اکثر وبیشتر ہوا ہے۔ بنارس کی تعریف میں غالب کی مثنوی 'چراغ دیر' کا شمار غالب کی بہترین مثنویوں میں کیا جاتا ہے جس میں بنارس کو شنکھ پھونکنے والوں کا کعبہ کہا گیا ہے۔ بے نظیر شاہ نے بنارس کا ذکر بہت خوش اسلوبی سے کیا ہے جس میں ہندو مذہب سے متعلق بہت سی اصطلاحوں کا خوبصورت بیان ملتا ہے۔ چند اشعار بطور نمونہ پیش ہیں۔

وہ سیلے وہ جوڑے چمکتے ہوئے
وہ کانوں میں مندرے لٹکتے ہوئے
وہ گھنٹی بجاتے ہوئے برہمن
ہیں بت خانوں میں کس طرح نعرہ زن

وہ تھالی میں سندور چندن لیے
کوئی آرہا ہے عجب آن سے
کٹوری میں کوئی لیے پھول پان
کھڑی ہے وہ مندر میں مندر کی جان
چترنی کوئی تو کوئی پدمنی
کوئی ان میں رادھا کوئی جانکی
مہادیو کو جل چڑھا کر تمام
چلی جاتی ہیں اپنے گھر شاد کام

کارتک کے مہینے میں کڑواچوتھ کے بعد ہندوؤں کا اہم ترین تیوہار دیوالی ہے۔ اس موقعے پر گھر کی صفائی کی جاتی ہے اور نئے برتن اور نئی چیزیں خریدی جاتی ہیں اور گھروں کو سجانے کی بھرپور کوشش کی جاتی ہے اس تیوہار میں عورتیں دیواروں پر تصویریں اور فرش پر رنگولی بھی بناتی ہیں۔ دیوالی کارتک کی تاریک ترین رات کو منائی جاتی ہے اوراس رات چراغ وغیرہ جلاکر ہر طرف روشنی کی جاتی ہے۔ اردو کی متعدد مثنویوں میں دیگر ہندوستانی تیوہاروں کی طرح ہولی کا بھی خوب بیان ملتا ہے۔

بسنت پنچمی کا تیوہار ماگھ کے آخری ہفتے میں آتا ہے یہ بہار کے موسم کا نقیب ہے اور نئے سال کی بشارت دیتا ہے دوسرے مقامی تہواروں کی طرح اس کا تعلق بھی یہاں کے موسموں اورزراعتی اساس سے گہرا ہے۔ بسنت کے تعلق سے اردو شاعری میں جو حوالے ملتے ہیں ان سے معلوم ہوتا ہے کہ یہ ہندوؤں کا خاص تیوہار ہے لیکن ان کے علاوہ ہندوستان کی دیگر قومیں بھی اس میں شریک ہوتی رہی ہیں۔

اس روز مرد عورتیں بچے سب زرد لباس پہنتے ہیں۔

فصل کے باآور ہونے کے لیے دعا مانگی جاتی ہے اور قدیم روایات کے مطابق وشنو بھگوان کا پوجن ہوتا ہے۔ بعض علاقوں میں آم کا بور بھی پوجا جاتا ہے جو سرسبزی اور خوشحالی کا مظہر ہے۔ اردو کی دیگر اصناف کی طرح مثنوی میں بھی اس تیوہار کا بیان ہوا ہے درج ذیل اشعار میں کیا خوب منظر کشی کی گئی ہے۔

زن و مرد کرتے ہیں اس دن سنگار
مکانوں میں کرتے ہیں نقش و نگار
پروہت سے پاتے ہیں آموں کے بور
جو ہیں ان کے ججمان تحفہ کے طور
سمجھتے ہیں سب اس کو اچھا شگن
ہے یہ پھلنے اور پھولنا کا شگن
خصوصاً امیروں کے دربار میں
وزیروں کی شاہوں کی سرکار میں
دیا بور پہلے کیا بھر سلام
مبارک سلامت زباں پر کلام

طوائفیں بھی اس روز آموں کا بور لے کر امرا کے یہاں جاتی ہیں اور مبارک سلامت کے بول گاتی ہیں۔ بسنت کے روز خاص شاہی دربار منعقد ہوتا ہے اور حاضرین کی تواضع الائچی چکنی ڈلی، جوز، پھول اور پان سے کی جاتی ہے۔ ہندو امرا سے بعض کو خلعت، بعض کو پاندان اور بعض کو دوشالے بطور تحفہ دیے جاتے

ہیں۔

عطا ہوتا ہے بعض کو پان دان
الائچی ڈلی جوز اور پھول پان
سوا ہوتی ہے خاص کی منزلت
کہ خلعت انھیں ہوتے ہیں مرحمت
دوشالہ بہت تحفہ کشمیر کا
باکرام ہوتا ہے ان کو عطا

جموں وکشمیر کی بسنت کا ذکر خوشی محمد ناظر نے کیا ہے یہاں بھی ہندو اور مسلمان اسے مل کر مناتے تھے، دربار منعقد ہوتا تھا، بازاروں میں ہر طرف رونق دکھائی دیتی تھی اور سب لوگ زرد لباس پہنتے تھے۔ علاوہ ازیں بہت سی مثنوی میں اس کا تفصیلی ذکر ملتا ہے۔

بسنت کے کچھ عرصے کے بعد ہولی پھاگن کے مہینے میں آتی ہے۔ بعض ہندو دانشوروں کا کہنا ہے کہ ہولی دراصل ایک دراوڑی تیوہار ہے جسے بعد میں آریوں نے بھی اپنالیا۔ پورانک روایتوں کے مطابق وشنو بھگوان نے ہندوؤں کی چار بڑی ذاتوں کے لیے چار تیوہار مقرر کیے تھے۔ راکھی پورنیما برہمنوں کے لیے، دسہرہ کھتریوں یا شہریوں کے لیے، دیوالی ویشوں کے لیے اور ہولی شودروں کے لیے۔ اس سے ظاہر ہوتا ہے کہ پرانوں کے زمانے تک ہولی کا رواج صرف شودروں میں نچلے طبقے کی ذاتوں میں تھا۔ یہ تیوہار ہندوستان کے مختلف علاقوں میں مختلف طریقوں سے منایا جاتا ہے۔ اس کے آغاز کے سلسلے میں بعض روایتیں مشہور ہیں مثلاً بعض لوگوں کا

خیال ہے کہ ہولی کا تعلق 'کامودی تیوہار' سے ہے جس پر کام دیوتا (کیوپڈ) کی پرستش کی جاتی تھی اور جو بہت کچھ بسنت سے ملتا جلتا تھا۔ ہولی کی ابتدا کے تعلق سے ایک روایت یہ ہے کہ اس روز شری کرشن نے راکھشسنی 'پوتنا' کو شکست دی تھی۔ اس طرح کی اور بہت سی روایتیں ہولی سے متعلق مشہور ہیں۔ مرد عورتوں پر اور عورتیں مردوں پر رنگ چھڑکتی ہیں اور اس سلسلے میں ہر قسم کی پابندیوں کو بالائے طاق رکھ دیا جاتا ہے۔ جگہ جگہ عبیر اور گلال کی بارش ہوتی ہے اور گلی کوچے رنگ میں ڈوبے ہوئے نظر آتے ہیں۔ یہ تیوہار پھلیرا دوج سے شروع ہوتا ہے اور اگلی دوج پر ختم ہو جاتا ہے۔ آخری دن کو ہولکا اشٹک کہتے ہیں اور یہی تیوہار کا اہم ترین دن ہے۔ اس روز جگہ جگہ جو آگ روشن کی جاتی ہے وہ دراصل قدیم عقیدوں کے مطابق فصلوں کو بدروحوں کے اثرات سے محفوظ رکھنے کے لیے ہے۔

متعدد اردو مثنویوں میں ہولی کا بھرپور ذکر ملتا ہے جس سے اس تیوہار کے متعلق بہت سی معلومات فراہم ہوتی ہیں۔ حاتم کی 'مثنوی بہاریہ' میں ہولی اور دیوالی کا ذکر ملتا ہے۔ حاتم نے ہولی کے بہترین رنگوں کو یک جا کر دیا ہے اور کم سے کم الفاظ میں ہولی کے ایسے جمال افروز اور عشق خیز مرقعے پیش کیے ہیں کہ ہولی کی رنگینیاں آنکھوں کے سامنے آجاتی ہیں۔

لگی پچکاریوں کی مار ہونے
ہر اک سو رنگ کی بوچھار ہونے
گلال ابرک سے سب بھر بھر کے جھولی
پکارے یک بیک ہولی ہے ہولی

کوئی لے رنگ پچکاری بھرے ہے
کوئی رنگین لباس اپنا کرے ہے
کوئی اپنا کھڑی دامن نچوڑے
کوئی آنکھیں لڑا کر منھ کو موڑے
کلال ایسا اڑا از صبح تا شام
ہوا رنگِ زمیں سارا شفق جام
تماشا سا تماشا ہو رہا ہے
کہ ہر اک ہات سے جی دھو رہا ہے

میر تقی میر کی ہولی سے متعلق دو مثنویاں ملتی ہیں۔ یہ دونوں لکھنؤ میں لکھی گئیں اور ان میں وہاں کا رنگ نمایاں ہے ان میں سے ایک دراصل آصف الدولہ کی شادی کے موقعے پر لکھی گئی تھی اور اس میں ہولی کا ذکر ضمناً آیا ہے۔ ان مثنویوں کے مطالعے سے معلوم ہوتا ہے کہ دہلی کے بادشاہوں کی طرح لکھنؤ کے نواب بھی ہولی کی رنگ رلیوں سے لطف اندوز ہوتے تھے۔ ہولی کے روز جشن ہوتا تھا کلال کے قمقمے بھر بھر کے مارے جاتے تھے اور عبیر میں گلاب کی پنکھڑیاں ملا کر ایک دوسرے پر چھڑکتے تھے اس منظر کو میر نے بڑے خوبصورت ڈھنگ سے پیش کیا ہے

قمقمے جو گلال کے مارے
مہوشاں لالہ رخ ہوئے سارے
خوان بھر بھر عبیر لاتے ہیں

گل کی پتی ملا اڑاتے ہیں
جشن نوروزِ ہند ہولی ہے
راگ رنگ اور بولی ٹھولی ہے

میر کے زمانے کے مشہور شاعر قائم چاند پوری نے اپنی 'مثنوی در وصف ہولی' میں اس تیوہار کی بہترین منظر کشی کی ہے۔

کسی پر کوئی چھپ کے پھینکے ہے رنگ
کوئی قمقموں سے ہے سرگرم جنگ
کسو نے لگائی ہے کونے میں گھات
کہ بازی میں خلوت کی ہیں لاکھ بات
ہے ڈوبا کوئی رنگ میں سربسر
فقط آب میں ہے کوئی تر بتر
زبس ہر طرف رنگ کی مار ہے
جہاں یک قلم زعفران زار ہے
الٰہی ہے جب تک یہ شور و شر
ہو عالم میں ہولی سے باقی اثر

ہندوستانی تہذیب کے دوسرے اداروں کی طرح ہندوستانی رسم ورواج بھی اپنی رنگارنگی کے باوجود ایک داخلی ہم آہنگی رکھتے تھے لہٰذا اردو شاعری میں شادی بیاہ کی جن رسوم کا ذکر ملتا ہے۔ وہ ہندوؤں اور مسلمانوں میں تقریباً ایک سی ہیں مثلاً دونوں میں شادی کا جلوس برات کی شکل میں نکلتا ہے۔ برات لڑکے والوں کی

طرف سے لڑکی کے گھر جاتی ہے۔ ہندوؤں میں رواج ہے کہ ایک ورن کی شادی دوسرے ورن میں نہیں ہوتی مثال کے طور پر کھتری کا رشتہ کھتری کے یہاں اور ویش کا رشتہ ویش کے یہاں کیا جاتا ہے نچلی ذات والوں کے یہاں اعلیٰ ذات کے لوگ میل جول جائز نہیں سمجھتے۔ دونوں مذاہب والوں کے یہاں شادی سے قبل منگنی کی رسم ادا کی جاتی ہے۔ مسلمانوں میں منگنی کے موقع پر دلہن کو چڑھاوے کی رقمیں چڑھائی جاتی ہیں۔ ہندوؤں میں "روپ درشن" ادا کرتے ہیں۔ شادی کے کچھ روز پہلے مائیوں بٹھانا ایک رسم ہے مائیوں بٹھانے کے بعد اندر عورتیں اور باہر مرد ابٹنا گاتے ہیں۔ یہ رسم بہت کچھ ہولی اور رنگ پاشی سے ملتی جلتی ہے۔ شادی سے کچھ روز قبل دولہا دلہن کے گھروں میں ہم عمر لڑکیاں اور جوان عورتیں آپس میں مل کر سہاگ اور گھوڑیاں گاتی ہیں۔ زخمِ چشم سے محفوظ رہنے کے لیے دولہا کے یہاں کوئی ہتھیار یا چاقو دے دیتے ہیں۔ شادی سے کچھ دن پہلے مہندی کی رسمیں ادا کی جاتی ہیں۔ سہاگ پڑا کاغذ کی ایک بڑی تھیلی میں بنایا جاتا ہے اس میں خوشبودار ادویات ہوتی ہیں جنھیں دولہا اور سہاگنوں سے پسوا کر دلہن کی مانگ میں بھرتے ہیں بعد ازاں دلہن کی بہنیں دولہا کے یہاں مہندی لے کر جاتی ہیں۔ سالیاں دولہا کو مہندی لگاتی ہیں اور اپنا نیگ مانگتی ہیں دولہا ان کو حسبِ مقدور نیگ دیتا ہے اور ڈومنیاں مبارکبا گاتی ہیں۔

گزری شب صبح کا ہوا تڑکا
ہوئی مہندی کی دھوم ہر یک جا
تھا یہ مہندی کے خوانوں پر جوبن

شمعیں کافوری ان میں تھیں روشن
گہنے پھولوں کے ہار پھولوں کے
خوان تھے بے شمار پھولوں کے
تھی غرض واں عجیب کیفیت
ساری رسموں سے جب ہوئی فرصت
کام کرنا تھا جو وہ کر آئیں
لے کے مہندی کا نیگ گھر آئیں

ہندو معاشرے میں عورتوں کا لباس زمانہ قدیم سے ساڑی رہا ہے جو آدھی کمر سے لپیٹ کر باندھ لی جاتی ہے اور آدھی کندھے یا سر پر پلو کی شکل میں ڈال لی جاتی ہے کمر سے اوپر کا حصہ ڈھانکنے کے لیے بھی ہندوؤں میں ہزاروں سالوں سے ایک لباس رہا ہے جو شمالی ہند میں انگیا اور دکنی ہندوستان میں چولی کہلاتی ہے۔ ماتھے پر ٹیکا ہندو سہاگنوں کا خاص نشان ہے دکن کی مثنویوں سے معلوم ہوتا ہے کہ وہاں یہ بہت عام تھا اور ہندو عورتوں کے اثر سے بعض مسلمان عورتوں نے بھی اس کا اثر لیا شمالی ہند کی مثنویوں میں اس کا بہت کم ذکر ملتا ہے سحر البیان کا ایک شعر دیکھیے۔

وہ ماتھے پر ٹیکے کی اس کے جھلک
سحر چاند تاروں کی جیسے جھلک

شمالی ہند کی اٹھارہویں صدی میں لکھی گئی مثنویوں میں عورتیں اکثر بھجند، پہونچی یا چوڑیاں اور کالی بانکیں پہنتے نظر آتی ہیں۔ دکن کا کنٹھ مال شمال میں منت کا طوق بن گیا۔ مثنوی سحر البیان میں میر حسن نے جوگن کا حلیہ بیان کیا ہے جس میں

لباس سے متعلق خاصی معلومات ہوتی ہے۔

پہن سیلی اور گیروا اوڑھ کھیں
چلی بن کے صحرا کو جوگن کا بھیس
پہن ایک لہنگا زری باف کا
وہ پرداسا کر اس تن صاف کا
زمرد کی سمرن کو ہاتھوں میں ڈال
اور ایک بین کاندھے پر اپنے سنبھال
چلی بن کے جوگن وہ باہر کے تیئں
دکھاتی ہو چال ہر ہر کے تیئں

اردو کی متعدد مثنویوں میں اسلامی کلچر کی جھلکیاں نمایاں طور پر نظر آتی ہیں۔ مسلمان شاعروں کی طرح ہندو مثنوی نگار شعرا نے بھی اپنی مثنویوں کا آغاز اکثر حمد ونعت اور منقبت سے کیا ہے۔ اردو کے مشہور مثنوی نگار پنڈت دیاشنکر نسیم گلزار نسیم کے آغاز میں لکھتے ہیں۔

ہر شاخ میں شگوفہ کاری
ثمرہ ہے قلم کا حمد باری
کرتا ہے یہ دوزباں سے یکسر
حمد حق ومدحت پیمبرؐ
پانچ انگلیوں میں یہ حرف زن ہے

یعنی کہ مطیع پنجتن ہے
ختم اس پہ ہوئی سخن پرستی
کرتا ہے زباں سے پیش دستی

گلزار نسیم میں جگہ جگہ اسلامی تہذیب کے نمایاں نشانات موجود ہیں عقائد اور روایات کے علاوہ مسلمانوں کی طرز معاشرت اور رسم ورواج کا ذکر بھی جگہ جگہ نظر آتا ہے۔ اس مثنوی کے قصے کے بعض عناصر اسلامی حکایات سے میل کھاتے ہیں مثلاً تاج الملوک کے بھائی اس سے دغا کرتے ہیں یہ واقعہ حضرت یوسف علیہ السلام کا قصہ معلوم ہوتا ہے۔ پھول کو آنکھوں سے لگانے سے بینائی واپس آجاتی ہے۔ حضرت یعقوب علیہ السلام کے واقعہ سے ملتا جلتا ہے۔

سحر البیان میں میر حسن نے بادشاہ کے اعتقاد کے سلسلے میں کہا ہے۔

خدا پر زبس اس کو تھا اعتقاد
لگا مانگنے حق سے اپنی مراد

پردے کا رواج قدیم زمانے سے مسلمانوں میں چلا آرہا ہے اس کا مقصد مردوں اور عورتوں میں فاصلہ برقرار رہے اس کا مقصد یہ ہے کہ حجاب باقی رہے اور کوئی ایسی نازیبا حرکات سرزد نہ ہوں جس سے سماج کا شیرازہ بکھر جائے۔ مسلم معاشرے میں اکثر خواتین گھر میں ہی رہا کرتی تھیں اگر کوئی بہت ضروری کام آپڑا تو باہر نکلنے کے لیے اس طرح کا اہتمام کیا جاتا تھا کہ کسی غیر مرد کی ان پر نگاہ نہ پڑ سکے۔

سہرے کا رواج ہندوستان کی مشترکہ معاشرت کی ایک دلچسپ مثال ہے اس

کا چلن مسلمانوں میں بھی خوب ہے۔

شور صاحب کے بندھا آج جو سر پر سہرا
دوسرا تھا یہ مقدر میں مقرر سہرا

مسلمانوں میں آرسی مصحف شادی کی ایک رسم ہے اسے 'جلوہ' بھی کہا جاتا ہے۔ دولہا دلہن کو سر جوڑ کر آمنے سامنے بٹھاتے ہیں۔ بیچ میں تکیہ اور تکیے پر قرآن شریف رکھا جاتا ہے دولہا سورۂ اخلاص پڑھ کر دلہن کو سناتا ہے اور پھر اس پر دم کرتا ہے۔ بعد ازاں قرآن پر آئینہ رکھ کر دولہا دلہن کے اوپر کوئی کپڑا ڈال دیتے ہیں تاکہ شرمائی ہوئی دلہن آئینے میں اپنے شوہر کا دیدار کر لے دکن کی مثنویوں میں اس کا ذکر عام طور پر ملتا ہے۔ وجہی نے اس کا بیان یوں کیا ہے۔

سو جلوا لگے دینے سب شاہ کوں
سلکھن سکی مشتری ماہ سوں
مشاطہ ہو حور آئے جنت تے بھل
کہ پردا ہے اسمان تارے سو پھل

میر حسن نے اس رسم کی منظر کشی یوں کی ہے۔

ہوا جب نکاح اور بٹے ہار پان
پلا سب کو شربت دیے خاصدان
ہوا لیکن اس وقت دونا مزا
کہ دولہا دلہن جب ہوئے ایک جا
عروسی وہ گہنا وہ سوہا لباس

وہ مہندی سہانی وہ پھولوں کی باس
ملا سرخ جوڑے پہ عطر سہاگ
کھلے مل کے آپس میں دونوں کے بھاگ
دکھا مصحف اور آرسی کو نکال
دھرا بیچ میں سر پہ آنچل کو ڈال

شادی بیاہ کے علاوہ اسلامی کلچر سے متعلق مختلف چھوٹی چھوٹی رسموں، روایتوں اور عقائد وغیرہ کا ذکر ملتا ہے اور یہ کہنا غلط نہ ہو گا کہ اردو کی اکثر مثنویوں میں دیگر تہذیبوں کے ساتھ ساتھ مسلم معاشرے کی بھرپور عکاسی ملتی ہے اگر تلاش کیا جائے تو اردو کی مختلف چھوٹی بڑی مثنویوں میں یہ عناصر مل جائیں گے لیکن یہاں اہم اور مشہور رسوم کا ہی بیان ملحوظ خاطر تھا۔

اردو میں مذہبی مثنویاں کثرت سے لکھی گئی ہیں نیز دیگر موضوعات پر لکھی گئی مثنویوں میں جگہ جگہ اس کا عکس نظر آتا ہے۔ اردو کی مثنویاں کسی ایک مذہب سے متعلق نہیں بلکہ مختلف و متعدد مذہبوں کے تعلق سے لکھی گئی ہیں۔

ہندوستان وہ ملک ہے جس میں مختلف مذاہب کے لوگ آباد ہیں اور سب کی اپنی اپنی مخصوص تہذیب اور کلچر ہے۔ لیکن اس کے باوجود یہاں کا مشترکہ کلچر جس میں سبھی مذاہب اور قوموں کا رنگ نظر آتا ہے، اپنی مثال آپ ہے۔ جس کی مثال دنیا کے کسی ملک و معاشرے میں نہیں ملتی۔ اردو شاعری میں یہاں کے مختلف و متعدد مذاہب کے لوگوں کے عقائد، رسم و رواج، کھان پان اور رہن سہن کا بھرپور ذکر ملتا ہے، جس کی بہترین مثال صنفِ مثنوی نے قائم کی ہے۔ اس صنف

میں ہندو، مسلم، سکھ، عیسائی اور یہاں کی دیگر تہذیبوں اور مخصوص کلچر کا بیان اکثر و بیشتر کیا گیا ہے۔ شمالی اور جنوبی ہند، دونوں مقامات کی مثنویوں میں عکاسی ملتی ہے۔

مآخذ

۱۔ ہندوستان کی تحریک آزادی اور اردو شاعری از گوپی چند نارنگ

۲۔ دیوان زادہ (ملبی) حاتم، لٹن لائبریری علی گڑھ

۳۔ مثنوی عالم

۴۔ ہندوستان کی تحریک آزادی از گوپی چند نارنگ

۵۔ بیگمات اودھ از شیخ تصدق حسین

۶۔ بستن عقد منہر و مدمالتی از نصرتی

۷۔ اردو مثنوی شمالی ہند میں از گیان چند جین

***

www.ingramcontent.com/pod-product-compliance
Lightning Source LLC
LaVergne TN
LVHW010841051026
849532LV00007B/2783